책을 구입하신 독자님의
눈부신 하루를 응원합니다

하자씨
2025. 5. 20

내 삶의 알맹이

ohk

초판 발행 2025년 5월 20일
지은이 하자씨
책임편집 오혜교
디자인 구름양
펴낸곳 OHK
출판신고 2018년 11월 27일 제2018-000084호
주소 경기도 파주시 회동길 219 2층
전화 1800-9386
이메일 soaprecord@gmail.com
홈페이지 www.r2publik.com

ISBN: 979-11-94050-34-6(13300)

이 책은 저작권법에 따라 보호받는 저작물이므로 무단전재와 무단복제를 금지하며,
이 책 내용의 전부 또는 일부를 이용하려면 반드시 저작권자와 OHK의
서면동의를 받아야 합니다.

내 삶의 알맹이

좋은 일도, 아픈 일도, 웃긴 일도, 황당한 일도
모두 함께 넣고 찧는 것이다.

인생을 찧는 것이다

누군가는 인생은 쭉정이와 같다고,
결국 이 모든 것이 죽음 앞에서 날아가버리는
허무한 것이라고 말할지도 몰라요.
하지만 저는 아니라고 생각해요.

우리 인생의 의미란, 바로 그 안에서 단단하게 여문
알맹이를 찾기 위해 삶이라는 절구에 끊임없이
부딪혀야 한다고 생각해요.

오늘 하루, 내 안의 쭉정이를 과감히 날려보세요.
그리고 내 삶의 진짜 맛을 내기 위해
한 번 더 찧어보세요.

우리는 모두 자기만의 알맹이를
만들 수 있거든요.

그건 곧,
'나답게 살아간다'는
뜻이기도 하니까요.

작가의 말

하자 씨의 인사

저는 파킨슨병과 함께 살아가고 있는 사람입니다. 아실지 모르겠지만, 손이 떨리고 다리가 끌리는... 불치의 병이라 불리는 병이지요.
 처음엔 너무 당황스러웠어요. '왜 나한테?' 싶었고,
 '이제 내 인생은 여기까지인가' 싶은 절망도 밀려왔죠.
 암도 아니고 파킨슨이라는, 병을 알지 못했다면 무슨 외국인 이름같은 그 단어. 그런데요, 시간이 지나고 나니까 어쩔 수 없이 인정하고 말았지요. 파킨슨 덕분에 내 인생을 다시 찾았다는 걸.

 아프기 전에는 늘 바빴어요.
 잘 살아야 하고, 멋져 보여야 하고, 사람들 앞에서는 당당해야 했고요.

 그렇게 바쁘게 달렸는데, 정작 나는 어디에 있었는지 모르겠더군요.
 그렇게 우연히 일기처럼 올린 유튜브가 이제는 구독자가 8천명이 넘는 채널로 성장했습니다.

속절없이 흘러 갈 인생을 다시 붙잡고자
어쩌면 이건 제 아픔을 드러내는 일이 아니라, 제 인생을 다시 붙잡는 일이었는지도 몰라요.

파킨슨이 제게서 많은 걸 가져간 건 사실이에요.
그런데 그 병 덕분에, 저는 저를 다시 돌보게 되었고,
진짜 웃게 되었고,
진심으로 멋을 알게 되었고,
무엇보다 '나답게 살아도 괜찮다'는 걸 배우게 됐어요.

이 책은 제가 다시 시작하는 인생의 기록이 될 겁니다.
하루하루 조심스럽지만 뜨겁게 살아가는 마음을 담았어요. 읽는 분들에게도 그런 온기가 닿기를 바라요.

오늘도 저는 천천히 걷지만,
그 속도가 바로 저를 되찾게 해주었어요.
이 책을 펼쳐주신 당신께, 진심으로 고맙습니다.

2025년 여름
하자 씨 드림

목 차

PART1. 시간의 알맹이

이제는 서서히 느려질 때 22
더 이상 숨지 않기로 27
병이 내게 가르쳐준 멋 30
세팅하면 확실해지는 행복 35
모래시계 39
스치는 우연 속에 평생 인연이 숨어 있다 45

PART2. 열정의 알맹이

왜 저를 겉만 보고 평가하시나요? 52
겉멋 다음 속멋 56
다 나보고 예쁘다 칸다 59
누구에게나 아까운 인생 64
오늘도 웃고 싶어요, 진심으로 69

PART3. 성찰의 알맹이

이제는 엄마처럼 살고 싶어졌어요 __74__
엄마, 우리 싸우지 말고 친하게 지내요 __79__
도파민 과분비를 희망함 __85__
약기운에 흔들리며 보물 찾기 __90__
용서를 통해 나를 해방시키다 __93__
남에게 주는 것이 진정한 소유임을 배우다 __100__

PART4. 자아의 알맹이

내가 진짜 원하는 걸 알기 위해서는 __114__
이건 그냥 방송이 아니에요 __118__
댓글 한 줄에 전해진 감동 __121__
내가 나를 돌보는 연습 __124__
세상에서 하나뿐인 내 편, 나 자신과 잘 지내는 법 __128__
자식을 통해서 나를 치유하는 거울 관계의 비밀 __136__
배움은 세상에서 가장 가치 있는 투자이다 __140__
풍산개에게 털어놓기 __147__
불편함을 껴안는 연습 __151__

에필로그_물과 나무 사이에서

PROLOGUE.

내 삶의
알맹이를 찾아서

인생을 살다 보면, 진짜 중요한 걸 놓치고
있다는 걸 모를 때가 있죠.

 안정된 생활 환경, 직장에서 인정받는 것 등등.
겉으로 보기에 남들이 부러워하는 것에 마음을 빼앗길
때가 있어요.

 누군가는 그걸 '껍데기'라고 하더라고요.
저도 그런 적이 있어요. 알맹이를 놓쳐버리고,
껍데기만 좇으며 살았던 시간들 말이죠.

 다들 그렇듯, 그때는 그게 알맹이인 줄 알았어요.
남들처럼 살아야 하는 줄 알았고, 보여지는 모습이 나를
증명해 줄 줄 알았고, 무엇을 가졌느냐, 어떤 타이틀이 있
느냐가 전부인 줄 알았죠.

 그래서 남들처럼 허겁지겁 달렸어요. 내 삶의 알맹이를
손에 넣으려 애썼어요. 그런데 정작 내게 날아든 건 겉만
번드르르한 껍데기였다는 걸 알게 된 건 꽤 시간이 흐른
뒤였습니다.

내 삶의 알맹이

그제야 알았어요. 이건 내가 원한 게 아니구나. 이건 진짜 나를 채워줄 수 없는 거구나.

껍데기를 벗고 나비가 되자
그래서 하나씩 내려놓기 시작했어요. 껍데기들을. 남이 정해준 기준, 남의 시선, 해야만 한다고 믿었던 틀들, 그 안에 갇혀 있던 내 욕망과 불안까지도요.

솔직히 말하면 스스로 원해서였다기보다, 병으로 인해 강제로 그렇게 된 거죠.

그렇게, 내 삶의 껍데기들을 가감히 날려버렸어요. 진짜 내 알맹이를 만들려면 비워야 하니까요.

친정엄마가 저에게 평소 했던 얘기가 있어요.
"텅 빈 절구통처럼, 삶을 찧고 또 찧어야 그 안에서 알맹이가 나온다"

그 말을 저는 이제서야 이해합니다. 지금 저는 제 삶의 절구통 앞에 서 있어요. 고요하게, 그리고 묵묵하게 나를 찧고, 찧고, 또 찧고 있어요.

좋은 일도, 아픈 일도, 웃긴 일도, 황당한 일도 모두 함께 넣고 찧는 거예요. 인생을 찧는 거죠.

그 안에서 진짜 '나'라는 맛이 나기를 바라면서요.

누군가는 인생은 쭉정이와 같다고, 결국 이 모든 것이 죽음 앞에서 날아가버리는 허무한 것이라고 말할지도 몰라요.
하지만 저는 아니라고 생각해요.
우리 인생의 의미란, 바로 그 안에서 단단하게 여문 알맹이를 찾기 위해 삶이라는 절구에 끊임없이 부딪혀야 한다고 생각해요.

그런데 이게 한 번 찧는다고 나오는 게 아니더라고요. 몇 번이고, 수십 번이고 찧어야 그제야 "아, 이게 내 삶의 알맹이였구나" 싶어요.

여러분은 지금 어떤 알맹이를 찾고 계세요?
혹시 껍데기 때문에 마음이 흔들리고 있지는 않으신가요?

오늘 하루, 내 안의 쭉정이를 과감히 날려보세요. 그리고 내 삶의 진짜 맛을 내기 위해 한 번 더 찧어보세요.

우리는 모두 자기만의 알맹이를 만들 수 있거든요. 그건 곧, '나답게 살아간다'는 뜻이기도 하니까요.

PART 1.

시간의 알맹이

어느 날, 거울 앞에 앉아서 문득 이런 생각이 들었어요.
"내가 이걸 숨긴다고 누가 안 아픈 줄 아나?" 손은 떨리고,
말도 느려지고, 표정도 굳는데. 다 보이는 걸요.
그래서 결심했어요.
숨기지 않기로. 오히려 먼저 말하자. "저 파킨슨병이에요.
그래서 조금 느려요." 이 말을 처음 꺼냈을 때,
예상했던 것보다 훨씬 따뜻한 반응이 돌아왔어요.

이제는 서서히 느려질 때

파킨슨병이라는 손님, 저는 이 병을 손님이라고 여기고 지냅니다.
 병이라는 게 다 그렇지만 어느 날 갑자기 찾아와요. 도둑처럼 말이죠.
 저도 처음엔 그냥, 피곤해서 그런 줄 알았어요.
 자꾸 걸을 때 발이 엇나가고, 오른손에 힘이 안 들어가는 거예요. 글씨도 쓸수록 점점 작아지게 되고. 엉망이 되고. 뭐지? 싶어서 병원에 갔더니,
파킨슨병이라네요. 파킨슨??

이게 말이 되나.

 그날 이후로 인생이 저도 모르게 한 템포씩 느려지기 시작했어요. 정확히 말하면 그냥 느리게 살 수밖에 없게 된 거죠. 그렇게 사교적이었던 저였지만 이제는 친구랑 약속 잡는 것도, 어딜 나가는 것도 부담이 생겼어요. '혹시 가다가 쓰러지면 어쩌지?' 하는 걱정이 먼저 들거든요.

 손도 떨리고, 말도 자꾸 꼬이고, 내가 나 같지 않더라고요. 옛날에 날 잘 알던 사람들 앞에서는 괜히 더 위축되고요. 속으로는 자꾸 '이게 아닌데...' 하는데 겉으로는 웃으며 넘기려는 내가 참 서글퍼지더군요.

아픈 척하며 살지 말자

그런데요, 어느 날 문득 이런 생각이 들었어요. '언제 죽을 지도 모르는데 왜 이렇게 눈치 보면서 살고 있을까?' 제 스스로가 참 답답하더군요. 어차피 죽을 지도 모른다면, 그냥 더 자유롭게 살자, 싶었어요.

그래서 유튜브를 시작했어요. 사실 병 걸리기 전부터 마음 한 켠에 해보고 싶었던 일이었는데, 용기가 안 났거든요. 근데 이상하게 병이 생기고 나니까 오히려 '잃을 것도 없는데, 뭐 어때' 이런 생각이 들더라고요. 손은 떨리는데, 가슴은 오히려 더 떨리는 삶이 시작된 거죠.

근데 구독자 분들이 하나 둘 댓글을 달아주시더군요. "하자님 덕분에 저도 제 자신을 미워하지 않게 됐어요." 이런 별 것 아닌 말인데 제가 위로를 받더라구요. 세상에, 내가 누군가한테 도움이 될 수 있다니. 그게 저를 버티게 해줬어요.
파킨슨병 덕분에 알게 된 게 또 하나 있어요.

'아, 나는 괜히 아픈 척 할 필요가 없구나.'

아파도 괜찮고, 못 해도 괜찮고, 천천히 해도 괜찮은 사람. 그걸 알게 된 게 저는 참 커다란 선물이라고 생각해요. 이젠 누가 부탁해도 말할 수 있어요. "오늘은 좀 무리예요. 다음에 해도 될까요?" 예전 같았으면 미안해서라도 억지로 했을 텐데, 이젠 그렇게 안 해요.

병을 얻고 나서 알게 된 것들

삶은 참 아이러니해요.
 병이 없을 땐 왜 그렇게 바쁘게만 살았는지. 누구를 이겨야 하고, 뭔가를 해내야 하고, 그래야 인정받는다고 믿었거든요. 그런데 병이 생기고 나니까, 멈추는 법을 배웠어요.
 그 멈춤 속에서, 그동안 보지 못했던 풍경들이 보이기 시작했어요.
 사람 얼굴, 바람 냄새, 내가 느끼는 감정들까지. 그게 참 소중하더라고요.
 무언가를 하려고 하면 손은 계속 떨려요. 근데 그 떨림이 이제는 더 이상 부끄럽지 않아요.
 왜냐면 그 떨림 덕분에 제가 진짜 살아 있다는 걸 느끼니까요.
 병은 내게 고통도 줬지만, 동시에 내 삶을 진짜로 시작하게 해준 계기이기도 해요.
 이제는 천천히 걷고, 천천히 생각하고, 천천히 말하려고 해요.

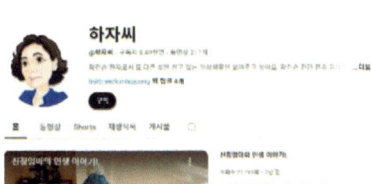

운영 중인 유튜브 메인 화면. 2년이 넘게 운영했더니 구독자수가 8천명이 넘었네요.

대신 그 속도가 나를 지켜주고, 나를 살게 해주더라고요. 그리고 그런 내 속도를 이해해주는 사람들이 옆에 있다는 게 얼마나 큰 힘이 되는지 몰라요.

 나는 오늘도 느릿느릿 걷지만, 그 안에 내가 진짜로 원하는 삶이 담겨 있어요. 빠르게 달리던 시절엔 느끼지 못했던 것들. 이제는 놓치지 않으려고 해요. 병은 날 아프게 했지만, 동시에 단단하게 만들었어요. 그래서 오늘도 저는 제 속도를 사랑해주기로 해요.
 지금은 이렇게 생각합니다.
 "이제는 느리게 살자. 내 삶을 들여다보고, 다른 사람을 들여다보자."

더이상 숨지 않기로

손이 떨리면 주머니에 넣고, 말이 꼬이면 '피곤해서 그래요' 하며 얼버무리고.
 병을 알고 난 초기에는 그랬어요.
주변 사람들한테 걱정 끼치기 싫었고, 무엇보다 '아픈 사람'이라는 말이 싫었어요.
 나는 아직도 멀쩡한 사람이고, 잘 살고 있고,
 그냥 조금 피곤한 거라고 스스로를 속이기도 했죠.
 병원에서 파킨슨병이라는 진단을 받고도, 한동안은 가족 말고 아무에게도 말 못 했어요.
 친한 친구한테조차. 괜히 불쌍하게 볼까 봐, 연민의 눈빛 받을까 봐.

나는 여전히 나인데, 사람들이 그걸 잊을까 봐. '
 돌이켜 보면 병이 나를 설명하는 단어'가 될까 봐 두려웠어요.
하지만 시간이 지나면서 알게 됐어요.
 내가 병을 숨기면 숨길수록, 병이 나를 더 집어삼킨다는 걸요. 마치 무대 뒤에서 몰래 분장하고 조용히 나가려는 배우처럼, 나는 점점 움츠러들고 있었어요.
 그리고 그게 더 아프더라고요. 육체보다 마음이 먼저 무너졌어요.

절망 대신 용기를

그러다 어느 날, 결심한 거죠. 숨기지 않기로. 오히려 먼저 말하기로. "저 파킨슨병이에요. 그래서 조금 느려요." 이 말을 처음 꺼냈을 때, 예상했던 것보다 훨씬 따뜻한 반응이 돌아왔어요. 주변의 누구 하나 나를 '이상하게' 보지 않았고, 어떤 사람은 이렇게 말했어요. "너 되게 자유로워 보인다"고.

자유라고? 그래, 나 이제 누구 눈치볼 필요도, 얽매일 필요도 없지. 이제부터는 자유롭게 하고 싶은 것 다 하자!
그래서 별명도 '하자 씨'라고 스스로 붙였지요.
그런데 참 신기하죠. 숨기려 애쓰던 힘이 빠지니까 마음이 편해졌고, 편해지니까 사람들 앞에 더 나설 수 있었어요. 유튜브를 시작한 힘도 그랬죠.

처음엔 떨리는 손으로 그림을 그리고 떨리는 목소리로 나레이션을 하는 게 부끄러웠지만, '그래도 이게 진짜 나다'라고 생각하니까 한결 나아졌어요.
그리고 신기하게도, 그 솔직함에 사람들이 위로받더라고요.
"저도 병이 있는데, 하자씨 보면서 용기 내요."
"숨기지 않고 나서주셔서 고맙습니다."
아, 내가 이 병을 숨기지 않기로 한 건, 나를 위해서이기도 하지만, 누군가에게는 필요한 메시지였구나 싶었어요.
이제는 떨리는 손도, 느린 말도, 가끔 버벅대는 모습도 괜찮아요.

그게 나니까요.
 병은 내가 가진 한 부분일 뿐, 내가 누구인지를 다 설명해주는 건 아니니까요.
 혹시 지금도 아픔을 숨기고 계신 분이 있다면, 말해드리고 싶어요.
 숨긴다고 작아지지 않아요. 오히려 그 아픔을 마주하는 순간, 우리는 더 커져요.

 나를 감추지 않아도 되는 세상.
 그 안에서 나답게 살 수 있다는 게 얼마나 자유로운지, 저는 오늘도 그 자유를 만끽하며 살아가고 있어요.

병이 내게 가르쳐준 멋

젊은 시절엔 꽤 멋을 부리는 편이었어요.
옷장에 옷도 많고, 소위 명품들도 많았죠. 액세서리며 구두, 어느 하나 빠짐없이 저를 꾸미는 편이었어요.

예전엔 멋이라는 게 외모나 스타일이라고 생각했어요.
잘 차려입고, 헤어스타일 말끔하게 정리하고,
딱 떨어지는 말투와 몸가짐. 그런 게 멋있는 줄 알았죠.
나도 나름 그렇게 살아왔고요.
그러니까 파킨슨병 진단을 받았을 때, 가장 먼저 무너진 것도 그 멋이었어요.

몸이 맘대로 안 움직이니까 옷 입는 것도 버거워졌고,
머리 손질은커녕 감는 것도 일이 됐어요.
말은 자꾸 꼬이고, 표정은 굳고,
거울 속 나는 예전의 그 '딱 떨어지는 나'가 아니었어요.
그렇게 내가 생각하던 '멋'은 산산이 부서졌죠.
근데요, 시간이 지나니까 멋이란 게 꼭 그런 겉모습만은 아니더라고요.

병이 내게 진짜 멋을 알려줬어요. 말이 꼬이면 입안 근육들을 혀 끝으로 섬세하게 풀어주고 발음에 더 신경을 쓰니까 이성적으로 말하게 되더라고요. 표정 또한 굳어질수록 더 많이 웃고 더 크게 웃으니 저 얼굴 표정은 더 밝아진 느낌이 들어요. 중요한 건 나를 사랑하는 마음이었어요.

힘들어도 포기하지 않고, 웃을 힘이 있을 때 웃고,
잘 안 되면 "오늘은 여기까지"라고 말할 수 있는 용기.
그리고 그걸 창피해하지 않고 사람들 앞에 내보일 수 있는 태도.

그게 진짜 멋이더라고요.

누구 앞에서도 내 아픔을 감추지 않아요.
손이 떨리면 "제가 지금 좀 떨리네요~" 하고 먼저 말해요.
그러면 오히려 상대방이 편안해해요.
어색함을 내가 먼저 풀어주는 거죠.
또 어떤 날은 머리도 안 감고, 얼굴에 화장기도 없고,
옷은 그냥 편안한 티셔츠 하나 입었는데도 내 마음이 가벼울 때가 있어요.
그럴 땐 거울 속 나한테 "오늘 너 괜찮다~" 하고 말해줘요.
외모가 멋이 아니라, 마음이 멋인 날이 있더라고요.
예전의 나는 멋있어 보이기 위해 살았다면, 지금의 나는 나답게 살기 위해 멋을 찾아요.
있는 그대로를 보여주는 게 용기라는 걸 알게 됐고,
그 용기가 또 다른 사람에게도 멋으로 느껴진다는 걸 깨달았어요.
유튜브에서 실수하면 웃고, 말이 꼬이면 "오늘 발음이 좀 안 되네요~" 하면서 농담도 해요.

나레이션 할 때 한 문장을 빼먹거나 글자 한 두 자 옥수수 알맹이 듬성듬성 빠지듯 빼먹기 일쑤지요.
"듬성듬성 단어가 빠져서 죄송합니다"그렇게 양해를 구하면 친절한 구독자들은
'이 글자 저글자 끼워 넣어 보는 것도 재미있는 걸요'라고 답해줍니다.
 저는 참 행복한 사람이지요.

병이 생기고 알게 된 것들
병이 생기기 전엔 몰랐어요.
 아무렇지 않게 밖에 나가고, 계단을 올라가고,
손으로 글씨를 쓰는 그 모든 게 나를 멋지게 만들어주는 요소였다는 걸.
 지금은 그런 일상 하나하나가 특별해요.

천천히 걷는 나 자신이 자랑스럽고,
또박또박 말하려 애쓰는 내 모습이 대견하고요.
 병이 멋을 빼앗아간 게 아니라, 멋의 의미를 다시 가르쳐준 거예요.
 지금 나는 더 솔직하고, 더 단단하고, 더 따뜻한 사람으로 살아가고 있어요.
 그게 내가 요즘 찾은, 진짜 멋이에요.

흐르는 시간은 잡을 수 없지만, 되돌아볼 수는 있습니다.
어제보다 나은 삶을 살고자 한다면, 어제와 달리 행동하라는
아인슈타인의 말처럼 우리는 오늘도 더 나은 삶을 살 기회를
맞이하고 있는 건 아닐까요?

세팅하면 확실해지는 행복

시간은 누구에게나 똑같이 흘러가요.
부자에게도, 바쁜 직장인에게도, 초등학생에게도 하루는 딱 24시간.
 그런데 참 이상하지요. 어떤 사람은 그 시간 속에서 기쁨을 찾고, 어떤 사람은 같은 시간 속에서 지치고 허덕입니다.
 왜 그럴까요? 행복도 사실 시간처럼 공평하게 주어지는 게 아닐까요?
 저는 그렇게 생각합니다. 행복은 선택이고, 세팅이라고. 아침에 눈을 뜨고, 오늘 하루를 어떤 기분으로 시작할지 결정하는 순간. 그게 바로 행복을 세팅하는 시점이에요.

행복도 선택할 수 있다.
그날의 첫 감정이 하루 전체의 톤을 결정짓는 것처럼,
우리는 사실 매일 아침 행복을 '내 방식대로 설정'할 수 있어요.
 마치 핸드폰의 배경화면을 고르듯, 음악 플레이리스트를 정하듯, 내 기분과 생각을 셋업하는 일.
그게 바로 행복 세팅입니다. 그런데 중요한 건 세팅만 하고 잊어버리는 게 아니라는거예요.
 하루 중간중간, 내가 세팅한 대로 살고 있는지를 체크해야 해요.
 그게 바로 '오늘의 체크'예요. 저는 '오늘첵'이라고 줄여서 부르지요.

예를 들면 이런 거죠.
 아침에 '나는 오늘 감사한 마음으로 보내겠어'라고 마음을 먹었는데, 오후쯤 되니 벌써 잊어버리고 짜증내고 있다면? 그건 '오늘첵'이 안 된 거예요.
 그래서 저는 요즘 오늘의 체크 리스트를 써요. 거창하지 않아요.
 딱 세 가지 항목이면 충분해요

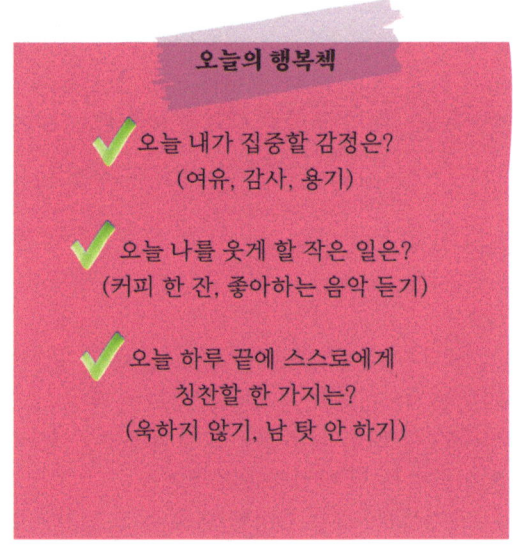

이렇게 세 가지를 적는 것만으로도, 하루가 달라져요.
 오늘 하루가 그냥 스쳐가는 시간이 아니라, 내가 의도를 담아 살아가는 시간이 되는 거예요. 많은 사람들이 오늘을 살아가면서 '복습'과 '예습'에만 바쁘죠.
 과거를 후회하고, 미래를 걱정하느라 그 사이에 정작 오늘은 놓치고 말아요.

행복은 오늘에 있어요.
 지금 이 순간, 내가 어떻게 반응하느냐에 달려 있어요. 과거는 고칠 수 없고, 미래는 아직 오지 않았으니까요. 오늘 내가 조금 더 웃고, 덜 짜증내고, 더 따뜻한 말을 한다면, 그게 바로 '행복을 잘 세팅한 하루'예요.

행복 세팅을 잘 하려면? 조건보다 태도가 중요합니다.
좋은 일이 생겨야 행복한 게 아니라,
행복하게 바라보니까 그 일이 좋아지는 거예요.
누가 그러더군요.
"우리는 매일 기적 속에 살고 있으면서, 그걸 기적으로 인식하지 못할 뿐이다."
아파보니 이 말 정말 사실이더라구요.
 따뜻한 햇살, 따뜻한 말, 따뜻한 물 한 잔. 이런 것들 안에서 우리가 오늘 웃을 수 있다면, 그건 이미 행복한 하루라는 거죠.

오늘 하루, 행복을 어떻게 세팅하실 건가요?
그리고 지금, 나는 그 세팅을 잘 유지하고 있나요?

내 마음의 배경화면
저는 마음에도 '배경화면'이 있다고 생각해요.
매일 아침, 마음의 홈 화면을 바꿔보세요. 짜증이 아닌 감사, 걱정이 아닌 기대, 무심함이 아닌 관심으로. 그리고 저녁엔 스스로에게 이렇게 꼭 물어보세요.
"오늘 나는, 나를 행복하게 했나요?" 그 물음에 "응, 잘 했어"라고 대답할 수 있다면, 그 하루는 충분히 괜찮은 날이었을 거예요.

행복은 거창한 일이 아니에요. 그저 오늘을 잘 살아내는 마음. 지금 이 순간을 사랑하는 연습. 그리고 하루에 한 번, 나에게 '오늘첵' 해주는 태도. 그게 바로 행복 세팅의 시작입니다.

모래시계

 그러고보니 제 소개를 깜박 했네요. 어릴 때 저는 참 뛰는 아이였던 것 같아요.
 저는 경남 하동이 고향이에요. 중2 여름방학 때 산골 소녀가 난생처음 부산 해운대 갔었습니다.
 희고 긴 백사장에 부서지는 파도가 눈에 가득하게 들어왔죠.
 넋을 잃은 듯 바다 경치에 빠져들었는데, 언니는 모래가 수북하게 쌓인 백사장 위에 신문 몇 장 던져 주며 엉덩이로 깔고 앉으라고 했죠.
 저는 엉덩이만 깔아뭉개고 있을 수가 없었지요.
 백사장 둑에 올라 마치 릴레이 계주하듯 뛰어내리기를 반복하며 놀았죠.
 그때 따뜻한 모래의 촉감을 지금도 잊을 수가 없어요.
 근데 10여 년 전 부산 해운대를 다시 찾았을 때 그 많던 모래가 사라진 거예요.
 바람에 날아간 건지? 파도가 쓸고 간 건지?
 아니면 세월에 휩쓸려 모래시계처럼 조금씩 사라져 간 걸까요?

 이렇듯 우리네 인생도 모래시계처럼 주어진 시간이 조금씩 사라져가는 것은 아닐까요.
 평소에는 시간의 소중함을 잘 모르지만, 저처럼 병에 걸리면 그제야 뼈저리게 느끼게 되죠.

지금 제 꿈은 언젠가 침대 위에서 생을 마감할 날이 오기 전에, 제가 하고 싶었던 좋아했던 일을 실컷, 누구 눈치를 보지 않고 해보는 겁니다.

인생2막을 사는 여자들

세상에는 저처럼 불치의 병에 걸리고서 '인생2막'을 살게 된 여성들이 꽤 많이 있어요.

 어릴 때부터 소아마비를 앓았던 프리다 칼로를 비롯해서 국내에서는 만성질환인 크론병 진단을 받은 이후에 모델로 활동하는 송경아 씨가 있죠.

 유명 비평가 수전 손택은 유방암과 피부암, 골수암을 모두 앓으면서도 철학가와 작가, 문화비평가로 세계적인 유명세를 얻었습니다.

 이들은 모두 병을 극복하거나 이를 받아들이며 자신의 삶을 더욱 빛냈던 의지의 여성들이었죠.

 요즘 나에게 주어진 시간 무의미하게 사라지기보다 내가 즐거움을 느끼고 싶은 거예요.

 제가 저체중에다 질병으로 인한 약 복용으로 근육이 점점 소실되거든요.

 의학서적을 뒤적거려 나만의 건강식을 나름대로 개발했죠.

제가 하는 일에 있었어도 양보다 의미 있는 즐거운 시간
으로 사라져 가도록 하죠.
 책을 읽든 그림을 그리든 나의 소유물로 여겨요.
한 문장 한 문장 나만의 의미를 부여하며,
 내가 그리고 싶은 그림을 그리다 보니 몰입하게 되고
몰입하다 보니 나만의 의미를 갖게 되면서 즐거워지는
거예요.

 그런데 세상에는 이렇게 자기만의 추억을 만들지 못하
는 사람도 많아요.

 일만 죽도록 해서 돈은 벌었는데 시간이 없는 사람,
 스트레스 받아가면서 열심히 살았는데 몸이 아프게 된
사람들이 인생을 가장 후회한다고 해요. 그 사람들 뭘 후
회할까요?
 자기가 좋아하는 걸 못 했다는 후회예요.
내 인생은 누가 대신 살아주는 게 아니기에 좋아하는 것
을 조금도 못 하고 남의 인정만 받으려고 산 인생이 가
장 불쌍한 거죠.

돈 때문에 사는 인생?
유튜브를 돈 벌려고 하는 사람 많잖아요.
물론 돈도 필요하고 중요하죠. 우리 생활에 편리함을 제
공해주기도 하죠.

그러나 우리는 욕망을 쫓는 존재임으로 돈은 가지면 가질수록 더 많이 갖고 싶은 욕망이 앞서게 되죠.
 그런데 돈 때문에 무언가를 시작한 사람은 그 돈 때문에 무언가를 포기하더라고요.
 좋아하는 일은 득이 안 돼도 돈이 안 벌려도 그저 좋아한다는 이유로 그 일을 계속하게 되죠. 저한테는 유튜브가 그런 존재예요.
 만약 돈 때문에 유튜브를 한다면, 제가 병상에 누워서 영상을 만들 수 없겠죠.
 저는 몸을 못 움직여도 유튜브는 업로드할 거예요.
 제가 하고 싶은 말을 글로 써서 영상으로 만드는 일은 파킨슨병도 막을 수가 없어요.
 왜냐고요? 여전히 제 안에는 제 육체적 한계를 넘어설 정도로 뜨거운 열정이 있거든요.

 만약 순수하게 좋아하는 마음이 없었다면, 병상에 올라 서서히 죽어가는 모래시계의 삶이 원망스러웠겠죠?
 그런데 저는 정말 좋아하는 것이 있기에 모래시계의 흘러내리는 모래가 아까우면서도 아름다워요.

 얼마 남지 않은 시간이기에,
 제가 좋아하는 것만 하다가 생을 마무리하고 싶거든요.
 삶이 아름다운 건 죽음이라는 종착점이 있기 때문이죠.
 만약 인간이 죽지 않고 억만년을 산다면, 삶이 지금처럼 아름답고 아쉽게 느껴지지 않을 거예요.

그러니 유한한 세월이라는 건 인간에게 오히려 축복이죠.
여러분은 저처럼 불치 병에 걸리지 않고서도,
이 진실을 깨달을 수 있기를 바래요.

후회 없는 삶을 살려면 하고 싶은 걸 지금 하고 사세요.
그것이 행복한 인생의 출발점이 될 테니까요.

모래시간처럼 흐르는 시간속에 우리는 어떻게 살아야 할까요?
'무엇을 위해' 사는 것보다 '왜' 살아야 하는지를 질문하게 되는
'진실의 순간'은 누구에게나 찾아오게 마련입니다.

스치는 우연 속에 평생 인연이 숨어 있다

살아오면서 '운명적인 만남'이라는 것을 믿어보신 적이 있으신가요?
 어떤 사람들은 인연은 하늘이 맺어준다고 하고,
또 어떤 이들은 인연은 스스로 만들어가는 것이라고도 합니다.
 하지만 제가 경험한 인연은 다소 다른 모습이었습니다.
제 인생에서 가장 소중한 인연들은 대개 우연처럼 스치듯 다가왔지만, 결국 평생을 함께하는 소중한 관계로 이어졌지요.

작은 우연이 큰 인연으로 이어지다

젊은 시절 저는 사람을 만나면 먼저 경계하는 편이었습니다. 새로운 인연을 쉽게 받아들이지 않았고, 신중하게 관계를 맺으려 노력했지요.
 하지만 오십이 넘어서 되돌아보니, 제 인생에서 가장 중요한 만남들은 계획 없이, 우연처럼 찾아왔다는 것을 깨닫게 되었습니다.

 몇 해 전, 우연히 카페에서 한 사람과 대화를 나누게 되었습니다.
 서로 책을 읽고 있었고, 자연스럽게 책에 대한 이야기를 나누었지요. 단순한 독서 취향을 공유한 것뿐이었는데,
 그 짧은 만남이 오랜 우정을 쌓는 계기가 되었습니다.
그는 저에게 새로운 배움과 영감을 주었고, 저 역시 그에게 삶의 조언을 해줄 수 있는 존재가 되었습니다.

처음에는 단순한 우연이라 생각했던 그 만남이,
돌이켜보면 서로의 인생을 변화시키는 '귀인'이 되었던 것입니다.

사실 우리는 알게 모르게 수많은 기회를 지나칩니다.
거리에서 우연히 스친 사람, 대중교통에서 옆자리에 앉은 사람, 우연히 같은 공간을 공유한 사람들 중 누군가는 인생을 바꿔줄 소중한 인연일지도 모릅니다.
 하지만 우리가 그런 순간을 가볍게 흘려보내기에, 많은 인연이 싹트기도 전에 사라져 버리는 것 아닐까요?

 이처럼 우리는 인생을 살아가면서 수많은 사람들과 스치듯 마주칩니다. 그리고 그중 일부는 우리 삶에 깊은 영향을 미치며, 평생 기억될 인연으로 남습니다. 하지만 중요한 것은, 이런 인연을 우리가 얼마나 소중히 여기고, 어떻게 가꾸어 나가는가 하는 것입니다.

인연을 알아보는 법
그렇다면 스쳐 지나가는 우연 속에서 중요한 인연을 발견하는 방법은 무엇일까요?
 저는 그것이 '마음의 여유'에 달려 있다고 생각합니다.
바쁘게 살던 젊은 시절에는 누군가를 깊이 들여다볼 여유가 없었습니다.
 하지만 나이가 들면서 느긋하게 사람들을 바라볼 수 있는 시간이 많아지니, 이전에는 보지 못했던 인연의 가치를 깨닫게 되었습니다.

예를 들어, 가까운 지인들 중에서도 유난히 대화가 잘 통하는 사람이 있습니다.
 혹은 힘들 때마다 곁에서 묵묵히 응원해주는 사람이 있지요.
 이런 사람들은 단순한 '지인'이 아니라, 우리가 귀하게 여겨야 할 '인연'일 가능성이 큽니다.
 하지만 바쁘게 살다 보면 이런 소중한 관계를 놓치기 쉽습니다.
 중요한 것은, 스쳐 지나가는 인연 속에서 나에게 진정한 의미를 주는 사람을 발견하고, 그 관계를 더욱 깊이 있게 만들어가는 것입니다.

 또한, 인연은 단순한 우정이나 가족 관계에만 국한되지 않습니다.
 어떤 사람은 한 권의 책을 통해, 한 편의 강연을 통해, 혹은 가벼운 대화 한 마디를 통해 우리 인생에 커다란 변화를 가져오기도 합니다.
 저 역시 책 한 권을 통해 삶의 방향이 달라졌고, 우연히 만난 사람의 한 마디가 오랜 상처를 치유해 주기도 했습니다.

평생 인연은 스스로 만들어가는 것
어떤 분들은 이렇게 말합니다.
"나는 좋은 인연이 없는 것 같아요."
 하지만 인연이란 저절로 찾아오는 것이 아니라, 우리가 만들어가는 것입니다.

처음에는 그저 스쳐 지나가는 인연처럼 보일 수 있지만, 우리가 얼마나 관심을 가지고 노력하느냐에 따라 그 인연은 평생의 소중한 관계로 바뀔 수 있습니다.

오래전 한 강연에서 한 노교수님께서 이런 말씀을 하셨습니다.
"좋은 친구를 원한다면, 먼저 좋은 친구가 되십시오."
이 말은 단순하지만 큰 울림을 주었습니다.
인연을 얻기 위해서는 먼저 우리가 좋은 인연이 되어야 한다는 뜻이지요.
또한, 진정한 인연을 만나기 위해서는 열린 마음이 필요합니다. 우리는 종종 외모, 직업, 배경 같은 표면적인 요소로 사람을 판단하고, 그것에 맞춰 인연의 가치를 매깁니다. 하지만 진짜 중요한 것은 겉으로 보이는 조건이 아니라, 그 사람의 내면과 가치관입니다. 마음을 열고, 선입견 없이 사람을 대할 때 우리는 예상치 못한 인연을 만나게 될 테니까요.

오십이 넘은 지금, 저는 더 이상 사람을 쉽게 흘려보내지 않습니다. 우연히 마주친 인연이라 할지라도 한 번 더 대화를 나누고, 관심을 가지고 지켜봅니다. 그리고 작은 인연 속에서 의미를 찾고, 그것을 소중하게 가꾸어나가려고 노력합니다.

혹시 지금 여러분 곁에도 스쳐 지나가는 인연이 있지 않으신가요?

그 인연이 평생을 함께할 소중한 인연일지도 모릅니다. 인연을 만드는 것은 결국 우리의 선택에 달려 있습니다. 그러니 스쳐 지나가는 사람들에게 한 번 더 따뜻한 시선을 보내고, 관심을 가져보는 것은 어떨까요?

 어쩌면 그 작은 관심이, 여러분 인생에서 가장 소중한 인연을 발견하는 계기가 될지도 몰라요.

PART 2.

열정의
알맹이

나이가 들어서도 멋을 포기하지 않는 사람,
잘 차려입은 사람일수록,
대충 살지 않고 희망을 품고 사는 이처럼 보여요.
제아무리 파킨슨병이라도,
꿈꾸는 사람을 막을 수는 없습니다.

왜 저를 겉만 보고 평가하시나요?

저는 파킨슨병을 앓기 전까지 '실버 모델'이 되는 게 꿈이었어요.
 사진 찍히는 걸 좋아했고, 멋있게 나이 들고 싶었고, 당당한 자세로 런웨이를 걷는 노년을 상상하곤 했죠.
 하지만 병이 찾아오면서 그 꿈은 잠시 접어야 했습니다.
몸이 앞으로 쏠리고, 무릎이 자주 꺾이며, 걷는 것조차 쉽지 않은 날들이 많아졌어요.
 무릎이 꺾이니 허리도 아프고, 자세가 점점 구부정해지면서 목디스크, 허리디스크까지 따라오더라고요.
전체적인 밸런스가 무너지니, 거울 앞에 서는 것조차 망설여졌어요.
 '이런 모습으로 멋을 낸다는 게 의미 있을까?'라는 의심이 들기도 했죠.
 하지만 저는 멋을 참 좋아하는 사람이에요.
 거리에서 멋진 사람을 보면 저도 모르게 걸음을 멈춰요.
그 사람이 꼭 명품을 입고 있어서가 아니에요.
 소박한 차림인데도 자신감이 흐르고, 그 사람만의 분위기가 뿜어져 나올 때, 저는 눈길을 오래 주게 됩니다.

 저는 '멋'이라는 걸 이렇게 생각해요.
 내면의 품위가 겉으로 자연스럽게 흘러나오는 것.
남들이 시선을 줄 생각도 못 하는 조합을 자신 있게 입고, 그 안에 담긴 생각과 감정을 고스란히 보여주는 것.
그게 진짜 멋 아닐까요?

사람들은 보통 멋을 명품으로 생각하죠.
 비싼 옷, 트렌디한 스타일, 남의 시선을 끌만한 외모.
 하지만 진짜 멋은 그런 겉치장이 아니라,
 '나'라는 사람을 얼마나 잘 담고 있느냐에서 비롯된다고 생각해요.

겉볼안

그런 의미에서 저는 '겉볼안(겉을 보면 속을 알 수 있다)'이라는 말을 참 좋아해요.
 무슨 생각을 하고 이 옷을 입었는지, 어떤 마음으로 자신을 꾸몄는지, 그게 전해질 때 비로소 멋은 완성된다고 믿습니다.
 물론 멋진 차림을 했다고 다 멋진 건 아니에요.
 멋지게 입고도 남을 무시하거나, 남의 외모를 평가하는 사람은 진짜 멋과는 거리가 멀다고 생각해요.
 이 세상에 입어서는 안 될 옷은 없지만, 해서는 안 될 태도는 분명히 있죠.
 제가 병이 있고, 몸이 불편하다고 해서 아무렇게나 입진 않아요.
 입는 데 시간도 더 걸리고, 움직임도 쉽지 않지만,
 그래도 저는 옷을 고르고, 색을 맞추고, 분위기를 연출합니다.
 그날 날씨가 흐리면 일부러 화사하게 입어요.
 회색 치마에 초록색 블라우스를 입고, 꽃무늬 스카프로 마무리하죠.

제 안에 있는 '밝음'을 입는 거예요.
 가장 저다운 멋은 오래된 옷을 리폼해서 입을 때예요.
그 옷에는 제 생각과 취향, 그리고 수많은 바느질의 흔적이 담겨 있어요.
 아마 제 옷장 속에는 '패션'이 아니라 '표현'이 걸려 있는 거겠죠.
 때로는 공주처럼, 때로는 커리어우먼처럼,
 때로는 모델처럼 입어요.
 몸이 불편하다고 해서 그 꿈까지 포기하고 싶진 않거든요.
 겉으로 보이는 것보다 제 안에 있는 아름다움을 보여주고 싶어요.
 물론 이런 저를 보고 속삭이는 사람도 있어요.
 "예쁘게 입긴 했는데, 다리를 질질 끌잖아."
 그럴 땐 속상하기도 해요.
 하지만 그런 말보다 더 크게 들리는 건 제 마음속 목소리예요.
 '나는 내가 원하는 대로 입고, 내가 나를 사랑하듯 꾸미는 사람이야.'

내가 나를 여전히 사랑한다는 증거

멋은 그런 거예요.
남에게 잘 보이기 위한 게 아니라, 나를 아끼기 위한 표현. 그리고 그 표현이 누군가에게 위로와 용기를 줄 수 있다면, 그건 멋을 넘어서 삶의 태도라고 생각해요.

파킨슨병은 내 몸의 속도를 늦췄지만, 내 멋의 감각까지 빼앗아가진 못했어요.
오히려 지금 저는 더 정성껏 입고, 더 의미 있게 꾸며요.
그건 제가 아직도 저를 사랑하고 있다는 증거예요.
진정한 멋은 '나만의 생각을 입는 것'이라고 믿어요.

여러분도 자신의 멋을 찾고 계신가요?
그렇다면 너무 멀리서 찾지 마세요.
당신 안에 이미 멋이 있어요.
그걸 당당하게 꺼내 입으면,
오늘 멋진 하루를 살 수 있을 거예요.

겉멋 다음 속멋

이 나이에 무슨 멋이냐는 말 들을 때도 있었지만,
그런 말엔 콧방귀도 안 뀌었어요.
'예쁘면 좋은 거지, 나이 먹으면 멋도 포기하라는 법 있나?'
근데 병이 생기고 나니까, 거울 앞에 서는 게 처음에는 두려워졌어요.
몸이 마음대로 안 움직이니까 화장도 대충 하게 되고, 머리 손질도 안 하게 되고. 가끔 외출하는 날은
'오늘만이라도 예쁘게 보이자' 하고 애써 화장을 하는데, 예전만큼 손이 따라주질 않아요.
입술을 그리려다 삐뚤어지고, 아이라인 긋다가는 눈 찌를 뻔하고요.

나이듦의 멋

어느 날인가는 거울을 보는데 내 모습이 너무 낯설게 느껴졌어요.
예전의 내 모습이 아닌 거예요. 솔직히 말하면, 좀 속상했어요.
푸석해진 머리카락, 우울한 표정, 구부정한 자세...
진짜 딱, 환자 같은 모습이었죠.
'이렇게 죽어가는 건가...' 싶은 마음에 괜히 울컥하더라고요.

근데 멋이라는 게, 꼭 어떤 객관적인 기준이 있는 건 아니더라구요.
예쁘고 멋진 거, 물론 좋죠. 특히 요즘은 멋이라는 게 조금 다르게 다가와요.
내가 나를 포기하지 않는 거, 그게 진짜 멋이더라고요.
몸이 아파도 립스틱 하나 바르고 나서는 용기,
누가 보면 별거 아니라고 하겠지만 제겐 그게
'나 아직 살아있다'는 선언 같아요.
비록 전보다 화려하거나 예쁘지는 않아도, 옷차림이 소박해졌어도 립스틱 한 번에 마음이 세팅되는 느낌이랄까.
그리고 놀라운 건, 사람들이 그걸 알아봐 준다는 거예요

저는 가수 김호중을 좋아하는 팬인데, 어느 날인가 콘서트장에 가는 길에 동행하시던 분이 저한테 그러셨어요.
"어째 갈수록 젊어져요?"
제가 아픈 걸 모르는 사람한테 그런 말을 들었으니 빈말은 아닌 셈이죠. 그날 저 혼자 거울 보면서 "나는 여전히 아름답다"고 말했어요.
그 날 이후 매일매일 거울 앞에 서서 제가 저에게 말해주죠. "하자씨, 너는 볼수록 멋져!"

나 아직 살아 있어요

나이 들수록 멋이 사치가 아니에요.
그건 삶에 대한 예의고, 나에 대한 존중이에요.
파킨슨병이 있다고 멋내기를 멈춰야 하나요?
아뇨, 그건 병과는 아무런 상관이 없어요.
왜냐면 내 몸이 나에게 주는 사소한 기쁨들이 이제는 더 귀하거든요.
요즘은 옷 고를 때 '편안함'이 1순위가 되었지만,
그 안에도 포기하지 않은 '나'가 꼭 들어 있어요.
색깔 있는 셔츠 하나, 귀에 작게 달린 귀걸이 하나,
그게 누군가에겐 보이지 않을 수 있지만,
저에겐 '나는 아직 살아 있어요'라는 메시지예요.

멋이란 게 거창한 게 아니잖아요.
내가 오늘도 나답게 살겠다는 의지.
그리고 그 의지를 보여주는 조용한 선언.
저는 오늘도 제 방식대로 멋을 입어요. 손은 떨려도 립스틱은 바르고, 목소리는 작아도 웃음은 잊지 않아요.
그러면 또 하루가 지나가고, 그렇게 나는 여전히 살아가고 있어요.
그러니까요, 나이 들었다고, 병 들었다고 멋을 접지는 마세요.
우리는 아직 안 끝났고, 앞으로도 계속 멋있을 거예요.
비틀거리더라도, 주름이 늘더라도, 그 속에 '내가 있다'는 걸 잊지 않기로 다짐하는 거죠

다 나보고 이쁘다 칸다.

우리 주변을 보면요, 신기한 일이 있어요.
실제 나이는 40대인데 60대로 보이는 사람이 있고, 반대로 60대인데도 40대처럼 보이는 분도 계시잖아요?
우리는 그런 사람을 보며 "저 사람은 나이를 거꾸로 먹는 것 같아"라고 말하죠.
그 차이는 어디서 생기는 걸까요?
저는 '의욕'에서 비롯된다고 생각해요.
자신을 가꾸고 돌보면 의욕이 생겨요.
의욕이 생기면 표정이 달라지고, 표정이 달라지면 사람 자체가 활기차 보이거든요.
제가 강의할 때 늘 하는 말이 있어요.
"표정은 당신의 인생을 바꿉니다."
표정 하나로 의욕적인 삶을 살게 되고, 나이를 젊게 보이게 하고, 심지어 얼굴의 단점마저 흐리게 만들 수 있어요.
91세이신 친정엄마를 보면요, 정말 실감합니다.
복지회관에서 은근히 인기가 많으신데요,
엄마 말씀으로는 "봐라, 내 주변에 영감들이 쫙 둘러싸여 있다. 다 나보고 이쁘다 칸다~" 하시거든요?
농담처럼 들릴지 몰라도요, 엄마는 '자기관리' 하나만큼은 정말 철저하세요.

"치마만 둘렀다고 다 좋아하는 게 아니다. 여자의 향기가 있어야 한다."
엄마가 말하는 그 '여자의 향기'는 이런 거예요.
얼굴 표정이 환하고, 인상 좋고, 싱글싱글 잘 웃고, 말도 정갈하게 하고, 예의도 있고, 손끝도 단정하게 매니큐어 바르고요.
"늙었다고 손을 아무렇게 두면 누가 내 손 잡아주겠니?" 하시더라고요.
엄마는 늘 거울을 자주 보세요.
저는 같은 건물에서 헬스를 하고, 엄마는 복지관에 계시는데요,
엄마가 자리에 없으면 꼭 거울 앞에 계세요.
머리도 만지고, 립스틱도 다시 바르고, 옷매무새도 다듬고 계시죠.
그 모습 보면서 저는 깨달았어요.
거울을 자주 보는 사람은 삶의 의욕이 높은 사람이다.
외모를 가꾸는 건 단순한 꾸밈이 아니에요.
그건 곧 나를 사랑하는 방법이에요.
그리고 진짜 젊음을 유지하는 비결은요,
삶에 목표가 있고, 의욕이 살아 있는 상태예요.
나이가 들면 아무래도 의욕이 떨어져요.
욕망도 줄고, 뭔가를 향한 에너지도 약해지죠.
하지만 그걸 그냥 두면, 삶도 함께 후줄근해져요.

의욕은 어디서부터 시작될까요?
 표정에서 시작됩니다.
 옷차림이 단정하고, 표정이 밝고, 미소가 있으면 사람 전체가 생기 있어 보여요.
 엘리베이터에서 마주치는 사람을 떠올려보세요.
 "안녕하세요~" 하고 밝게 인사하는 분과,
 고개만 까딱하며 무표정한 분, 누가 더 반가울까요?
 표정 하나가 그 사람에 대한 인상을 좌우해요.
 그래서 제가 알려드리는 간단한 연습이 있어요.
 거창한 게 아니에요. 그냥 이렇게 입 모양만 해보세요.
 "키스~ 키스~"
 실제로 소리 내는 게 아니라, 입모양만 따라 하는 거예요.
 그럼 자연스럽게 입꼬리가 올라가죠?
 이 연습을 자주 하시면 어느 순간, 표정 자체가 달라져요.
 한 회원님은 이걸 가족에게 해보셨대요.
 남편에게 입꼬리 올리며 "다녀왔습니다~" 했더니
 남편이 "아이고, 이 여편네 못 볼 거 봤나?" 하셨대요.
 유쾌하죠? 하지만 그 뒤로 남편도 웃더래요.
 그게 표정의 힘이에요. 사람 사이를 부드럽게 만들어요.
 저는 늘 말합니다.
 "미소로 인정을 베풀면, 미인으로 변한다."
 진짜예요.
 미소는 남에게 주는 선물이자, 나에게 주는 보상이에요.
 그걸 꾸준히 하다 보면, 어느 순간 내 인생도, 내 얼굴도 밝아져요.

50 이후는 정형적인 틀에서 벗어나 내 인생을 나답게 표현할 수 있는 시기라고 생각해요.

그 첫걸음이 바로 표정이고, 나를 가꾸는 태도예요.

그러니 오늘부터 거울 앞에서 시작해보세요.

입꼬리 올리는 연습부터, 그리고 "오늘 나는 어떤 기분으로 나를 가꿀까?"

작은 실천이 나를 살리고, 내 삶을 다시 반짝이게 만들 거예요.

나를 방치하면, 내 삶도 방치됩니다.

하지만 반대로, 나를 돌보면, 삶이 달라집니다.

오늘부터 시작해보세요.

나는 누군가를 위해 희생하며 살았다고,
잘살지 못한 삶의 핑계를 무덤으로 오늘을
낭비하는 이들에게 꼭 해주고 싶은 말이
있습니다.

누구에게나 아까운 인생

저는 친정 엄마를 사랑해요. 평생 모시고 살았고, 지금도 친구처럼 지내는 사람이 친정엄마죠. 그런데 내 인생의 알맹이가, 가족이나 부모에 의해서 희생되면 안 된다고 생각해요.

대한민국의 어머니들이 여느 나라 어머니에 비해서 자식에게 희생정신이 강하잖아요. 그치만 곰곰이 생각해보면 반드시 그런 건만은 아닌듯해요.

울 엄마는 제 형제자매 중에 누군가가 속을 썩이면 꼭 하는 말이 있어요.
'내가 이 꼴 보려고 혀 빠지게 일해서 너를 가르친 줄 아냐'
유한한 삶 속에 무한한 희생에 억울해서 몸져 누울 때도 있었거든요.

인생의 목적은 희생이 아니다

저는 희생이란 단어를 그다지 좋아하지 않아요. 특히 부모는 자식을 위해 희생했다는 말을 많이 하잖아요. 그런데 저는 그 말이 그렇게 듣기 불편하더라고요.

물론 희생도 중요하죠. 하지만 우리 주변을 둘러보면, 희생 대신 자아실현을 통해서
삶을 행복하게 살아가는 사람들도 많아요. 인생의 목적이 행복이라면, 희생이 아닌 다른 가치를 좇는 것 또한 미덕 아닐까요?

저도 한때 제 스스로를 희생시키며 살던 시절이 있었죠. 그러다 의사가 진단을 내렸던 그 날, 제 가치관은 송두리째 바뀌었어요.

파킨슨병이라는 의사의 말을 듣는 순간, 스스로 크게 실망했죠.

"너는 누구보다 바른 생활을 했잖아. 그런데 왜 너에게 이런 일이 생긴 거야?"

그렇게 스스로를 몰아세웠죠.

지난 세월, 완벽해지기 위해 자신을 다그쳤던 나날이 뇌리를 스치더군요. 돌이켜 보면 나는 되받기 위한 희생을 한 것 같아요.

내가 투자하고 노력한 만큼 받고 싶은 거예요.

희생과 사랑은 떨어질 수 없는 사이가 아닐까 해요.

마치 계란의 노른자와 흰자 사이와 같아요.

노른자 부근에 탱글탱글한 흰자가 붙어 있지 않으면 상한 계란이 듯이. 희생에 끈적끈적한 사랑이 붙어 있지 않으면 그건 희생이 아니예요.

그저 생색내기에 지나지 않아요.

저는 사랑과 행복을 위한 희생이 아니라면 그 희생은 억울하게 느껴지더라고요.

희생을 통해 나에 대한 사랑을 더 상승시켰다면 그 희생은 나를 행복하게 만든 거예요. 나를 사랑하고 행복하게 만든 가치 있는 흔적인 셈이죠.

확정 판결을 받은 날, 스스로에게 다짐한 것

파킨슨병은 사람들에게는 방송인 김성주 할머니가 걸린 병으로 알려져 있는데,

운동 경직이나 떨림이 계속 있는 병입니다. 현대의학으로 완치할 수 없다고 하죠.

병의 진행을 완전히 멈추거나 치유할 수 있는 치료법이 없기 때문이죠.

세계적으로 유명한 논문 학회지인 Journal of Neurology, Neurosurgery & Psychiatry에서도

파킨슨병은 도파민 신경세포의 손실로 인해 발생하고, 현재의 치료법은 증상 조절이 전부이며 병의 경과를 완전히 막거나 되돌릴 수는 없다고

밝히기도 했습니다. 한 마디로 평생 죽을 때까지 함께해야 하는 병인 거죠.

그런데 파킨슨병 확정을 받은 그날 제가 스스로에게 다짐한 게 있어요.

그동안 바르게 살려고만 했던 내 인생, 한 번 180도 뒤집어보겠다는 다짐이었죠.

내가 왜 파킨슨병에 걸렸는지는 알 수 없지만, 내가 살아온 지난날은 바꿔야 할 게 너무나도 많았더군요.

남과 끊임없이 비교하며 혼자 열등감을 느끼고, 완벽만을 추구하며 나를 희생해왔던 거죠.

그러다 보니 어느 순간, 저에게 '번아웃'이 찾아오더니 연이어 '대상포진'도 찾아왔습니다. 평소에 운동과 식단 관리를 완벽하게 했던 몸이었지만 무너져내리는 건 정말 한순간이더군요.

열심히 희생하며 살았지, 마음의 여유가 하나도 없었던 저였거든요. 내가 나를 잘 안다고 생각했는데 실은, 나는 나 자신을 너무나 몰랐던 거예요.

'그릇을 비웠으니 이제 채워 넣고 싶다. 내 그릇을 무엇으로 채울까?'

어디선가 파킨슨병은 도파민이 부족해서 생기는 병이라는 글을 읽고, 무릎을 '탁' 쳤죠.
'그래, 앞으로는 도파민을 분출시키는 신나는 일을 하면서 살자!'
나는 투박하고 모자라더라도 이제 내 모습을 있는 그대로 인정하고, 남들 앞에 내세울 게 없어도 내가 하고 싶은 일을 하면서 살기로 했습니다.

몇 년 전부터 배웠던 웹툰을 다시 시작하고, 그림을 그리기 시작했죠. 사람들은 저의 갑작스러운 변화를 놀라워했지만 저로서는 마치 이 모든 일상이 정해진 운명처럼 너무나도 자연스러웠죠.

요즘은 유튜브를 하면서 대본을 쓸 때가 가장 행복해요. 길을 걷다가도 작은 글감이 떠오르면 마치 신의 계시라도 받은 양 스마트폰을 꺼내서 녹음기를 켜요.

도파민이 넘치는 날을 고대하며
순도 100%의 제 목소리는 투박하고 거칠지만, 그 순간만큼은, 그 어느 때보다 나 자신처럼 느껴지는 제 모습이 너무나 기분이 좋거든요.

 다른 사람이 뭐라고 하든, 제 두 번째 인생은 파킨슨병에 걸린 이후부터가 시작입니다.

 혹시 모르잖아요? 언젠가 도파민이 넘쳐서 불치의 병이 완치될지도요.

오늘도 웃고 싶어요, 진심으로

아프면 울어야 할 것 같잖아요?
그런데 저는, 웃고 싶더라고요.
그것도 그냥 '에이~' 하고 웃는 게 아니라, 내장 기관들이 출렁거릴 정도로 웃고 싶어요.
배꼽 빠질 정도로 실컷 웃고 싶은 그런 웃음이요.
파킨슨병이 죽을 병이긴 해도, 전염병은 아니에요.
그런데 처음에는 꼭 죽을 죄 지은 사람 같더라고요.
손은 떨리지, 사람들 시선은 따갑지, 말하다가 혀가 꼬이면 '내가 왜 이러나' 싶고. 자존심이 자꾸 긁히더라고요. '이게 내 모습이야?' 하면서 거울도 잘 안 보게 됐어요.
근데요, 웃음은 참 신기한 힘이 있어요. 하루는 남편이 제게 이러는 거예요. "오늘은 발 안 꼬이네? 모델처럼 걷네. 표정도 섹시하고."
그 말에 너무 웃겨서 푸하하 웃었어요. 근데 그때 느꼈어요. '아, 내가 웃어야만 사람들이 나를 '환자'가 아니라 '사람'으로 보는구나, 하고 말이죠.

이유 없이 웃는 날

예전엔 좀 완벽한 사람이 되고 싶었어요. 말도 또박또박, 모습도 단정하게, 하는 일도 똑 부러지게.
근데 요즘은요, 말 꼬이고, 손 떨리고, 까먹고, 말 실수해도 '그게 나'예요. 그러니까 그걸로 웃을 수 있게 되더라고요.

실수하면 "아이고, 또 시작이네~" 하면서 웃어요.
 그럼 주변에서도 "괜찮아요~ 저도 맨날 까먹어요~" 이렇게 받아주고요. 그게 또 그렇게 고맙고 기분이 좋아요.

 어느 날은 유튜브 글을 쓰다가 '그 단어 뭐더라…?' 하고 버벅대는데, 아니 네이버에 검색하면 간단한 걸, 바보 아니야, 하다가 채팅창에 구독자들이 줄줄이 단어 찾아서 올려주셨어요.
 서로 웃고, 저도 웃고. '아, 이게 내가 웃을 수 있는 이유구나.' 글을 쓸 때마다 하루에 수십 번씩 검색하면서 별 것 아니구나, 하면서 웃고 아, 맞아 하면서 웃고 혼자서 장단 맞춰가면서 껄껄대고 웃기도 피식피식 웃는 경우가 일상이 되었답니다.

 그 순간 깨달았어요. 웃음은 감추는 게 아니라 나누는 거예요. 내 아픔도, 서투름도, 느릿함도, 그 자체로 웃음이 될 수 있어요. 누가 보면 "병이 있는데 어떻게 웃어요?" 하실 수 있겠지만, 그래서 더 웃어야 돼요. 웃음이 없으면 병만 남아요.

 웃고 나면 기분이 좀 가벼워져요. 똑같이 손이 떨려도, '오늘은 웃은 내가 있구나' 싶으면 덜 무서워요.

그리고 그게 또 누군가에게는 용기가 된대요.
"하자님이 웃는 모습 보니까 저도 용기 납니다."
그 말 들으면 또 울컥하죠. 울다가 웃다가, 인생이 그렇잖아요.

그래서 저는 오늘도 웃을 겁니다.
예쁘게 웃지 않아도 돼요. 잇몸 보이고, 입 삐뚤어져도 괜찮아요.
웃는다는 건 '나 아직 살아있어요'라는 인사 같거든요.
여러분도 오늘, 꼭 한 번은 웃어보세요.
이유 없으면 그냥 제 유튜브 켜세요. 저 혼자 실수하는 모습에 웃음 나올지도 몰라요.
같이 웃어요. 그래야 우리가 덜 아프고, 더 살아갈 수 있으니까요.

같이 웃어요. 그래야 우리가 덜 아프고,
더 살아갈 수 있으니까요.

PART 3

성찰의
알맹이

이제는 엄마처럼 살고 싶어졌어요

여러분은 나이가 든다는 게 무슨 뜻이라고 생각하세요?
서러움, 아픔, 자식들에 대한 서운함... 여러 감정이 들죠.
저는 60이 넘고보니 나이 듦에 대한 생각이 바뀌더라고요.

예전에는 '엄마처럼 살지 말아야지'라고만 생각했던 적이 많았거든요.
고집도 세고 돈을 자식보다 더 사랑하는 듯했고,
물건도 못 버리는 구질구질하게 보였든 엄마를 닮기 싫었던 거죠.

하지만 나이를 먹고 보니 삶을 이해하고 엄마처럼 살아가는 것도 나쁘지 않구나, 하고 이해하게 되었어요.
(물론 자식과 남편을 위해 희생하는 태도는 말고요!)

엄마와의 추억을 소환하다
언젠가부터 내가 엄마를 이해 못 했던 것을 하나씩 하나씩 소환하고 있는 거예요. 버리려고 하는 물건도 요리조리 생각하게 되고, 음식을 버리지 않기 위해서 최소한 요리를 하고, 수돗물도 허투루 흘러보내지 않고, 비닐봉지도 접어서 오일장 야채 파는 할머니께 드린답니다.

물론 내가 소비할 게 있고 소비하지 못하는 것은 과감하게 버려요. 엄마와 내가 다른 점이예요. 이해는 하되 다른 것은 다른 거니까요. 엄마의 생활 속으로 붙잡혀 들어가고 싶지는 않아요.

엄마는 올해 91세가 되셨어요.

세월이 싣고 온 나이만큼 결핍과 상실감을 스스로 찾아 메우면서 살아온 인생이었죠. 엄마는 오남매를 키우면서 안 해본 장사가 없었지요. 서른 다섯살의 나이에 서울로 상경해 분식집, 화장품 판매원 슈퍼, 심지어는 식당까지 억척스럽게 했더랬죠.

그런데 엄마는 그렇게 고생하며 살았어도, 인생을 즐기는 것 또한 잊지 않았어요. 세계 방방곡곡 여행을 다니지는 못했지만, 늘 노래를 흥얼거리고 자식들 뒷바라지 하는 게 힘들어도 늘 배울점을 찾았죠.

인생은 껍데기만 버리고 알맹이는 챙기는 것
인생은 절구통에 찧는 것과 같아서, 처음에는 힘들어도 계속 찧다보면 결실을 맺게 된다는 것.
 인생이란 껍데기는 버리고 알맹이만 챙기는 것이라는 사실도 엄마한테 배운 교훈이에요.

그렇다고 엄마가 다독을 하신 건 아니에요.
 책 읽는 모습은 한 번도 본적은 없지만, 늘 밤이면 일기는 빠뜨리지 않고 쓰시죠.
 어느 날 "엄만 일기를 왜 써?"라고 여쭤봤더니,
 '내 기분을 적어두려고'라고 하셨어요.
 엄마의 생각을 저나름대로 해석하자면, 기분은 연기처럼 사라져 버리니까 희로애락 속에 스며나오는 감정을 일기장에 기록해 놓고 싶었던 것 같아요.

 엄마는 나이 듦으로 인한 상실보다는 나이들수록 즐거움을 찾아가는 듯해요.
 아침에 스트레칭을 하고 나면. 앉은 상태에서 춤을 덩실덩실 추세요.
 엄마 덕분에 우리 집 아침은 유난히 햇살이 밝게 비치는 것 같아요.
 엄마는 요즘도 제 유튜브에 출연해서 살아온 이야기를 들려주시기도 하고 노래 한 곡조도 부르세요.
 즐겁게 살지 않으면 목욕탕 가서 때를 벗기지 않는 것과 같다면서 말이죠.
 제가 살아보니, 삶으로 얻은 엄마의 인생 교훈을 고스란히 되물림하고 있는 것 같아요. 저는 무엇을 해도 늘 고민과 걱정이 많은데, 그럴 때마다 엄마는 저에게 한 소리 하시죠.
 "그렇게 뜸만 들이다가 밥 다 홀라당 태운다. 밥을 했으면 그릇에 담아 먹어봐야만 그 맛을 알지. 해보지 않고 우째 알겠노."

그 말을 듣고 무릎을 탁 쳤어요.
 일단 하고 싶은 건 해보고 나중에 후회해도 늦지 않다는 뜻이에요.
 제가 엄마한테 배우고 싶은 게 또 한 가지 있는데요.
평생을 아버지 한 사람만 사랑하는 일편단심이었다는 거예요.

 물론 복지관 남자친구는 많아요. 아버지의 늙어가는 모습을 볼 수 없어서인지 50년 전 돌아가신 아버지를 지금도 가장 잘생긴 남편으로 기억하는 엄마,

 순애보와 열정, 유쾌함을 가진 엄마는 요즘 젊은 여자들과 비교해도 조금도 뒤떨어지지 않아요. 이제는 저도 그런 엄마를 닮아가며 남은 인생을 행복하게 나이들어가렵니다. 엄마처럼 안 살 거야, 하고 고집을 부리던 나에서, 엄마를 보며 그 속에서 나를 발견하는 철든 딸이 된 걸지도 모르겠네요.

엄마, 라고 부르며 엄마라고 불리기도 하는 나이,
늙은 엄마를 한 인간으로 이해하게 된 중년의 시기에
나는 운 좋게도 친정엄마와 함께 살아갑니다.
불치의 딸과 살면서도, 죽음이 저를 행여나 앞설까
늘 제 얼굴을 살피곤 하는 엄마.

엄마, 우리 싸우지 말고 친하게 지내요

죽도록 싸우던 엄마와 딸도 나이가 들면 친구가 된다고 해요. 신기하죠?

딸이 어릴 때는 '앙숙' 같아서 제 마음대로 하면서 엄마를 미워하죠. 엄마가 나를 아느냐고, 여기서 조금 더 나가면 "왜 나를 낳았냐고" 따져묻죠.

엄마의 가슴에 대못을 쾅쾅 박은 딸이 밉지만, 엄마는 자식을 미워할 수 없는 운명입니다.

그러던 어느 날, 세월이 한참 흘러 딸이 집으로 웬 남자를 데리고 옵니다.

그리고 엄마한테 말하죠. 이 사람이 내 평생의 짝꿍이라고, 그가 없이는 못 살겠다고.

긴 인생 경험으로 사람 보는 눈이 생긴 엄마는, 그 남자가 평생 배필은 못 될 수도 있겠다는 걸 압니다. 딸이 고생하리라는 것, 결국 이 번에도 당신의 말은 듣지 않을 거라는 것도 말이죠.

딸과 엄마의 운명은 함께 흐른다

아마도 평생 딸과 엄마의 운명은 그렇게 흘러가나봐요. 저도 이제야, 나이가 한참 들어서 흰 머리카락이 머리를 뒤덮을 때에라야 엄마를 이해하게 된 걸요.

이제는 밖에서 팔짱을 끼고 걷고 싶어도 걸을 수가 없답니다. 허리가 꺾이고 몸이 쪼그라들어 비대칭을 이루거든요. 그저 워커에 손을 걸칠 뿐이죠. 걸으면 뒤에서 친구 같다는 말을 듣는 나이,

왜 엄마가 그때 내게 그리 말했는지, 왜 그렇게 내 인생에 간섭하려고 했는지를 이제는 알게 되었어요.
 "너도 꼭 너 같은 딸 낳아봐라. 그때 내 마음 알지." 다행히 저는 딸이 없습니다.
 젊은 시절 엄마의 독설은, 이제 제 입에서 나오는 말이 되었어요.
 정말 자식 앞에 장사가 없더군요.
 내 자식에게 독설을 내뱉는 엄마의 심정,
 자기 스스로 대못을 가슴에 박는 그 심정은,
 내 스스로 엄마가 되어보기 전에는 깨닫지 못하는 것이었죠.

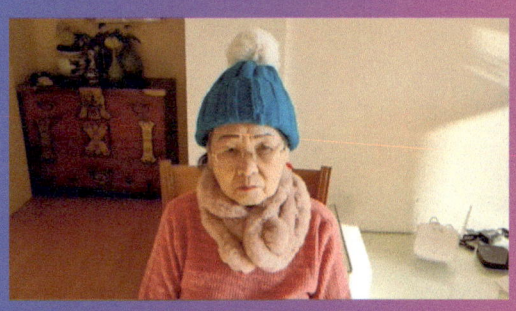

엄마를 모시지 않고 팔짱 끼며 친구처럼 사는 것도
나쁘지 않네요.

영화 〈벤자민버튼의 시간은 거꾸로 간다〉를 아시나요?
영화 속 주인공은 세월이 흐를수록 어린 아이가 되는 병에 걸리죠.
 그를 아는 주변 이들은 자꾸 자꾸 늙어가는데, 주인공은 피부가 탱글탱글해지고 점점 몸이 작아지더니 아이처럼 말하고, 아이처럼 행동해요.
 그런데 이건 꼭 영화 속 상상의 비유는 아닌 것 같아요.
나이가 들고 보니, 나보다 한참 더 나이가 든 엄마가 어린아이 같다는 생각을 나도 모르게 하게 되니까요.

 때로는 투정을, 때로는 장난을, 때로는 시기질투를 하는 엄마를 보면서 6살 아이의 모습으로 돌아간 듯 느끼는 건 저만 그런 걸까요?

 그러나 나는 분명 축복받은 사람입니다.

 출가외인이 되어 타지에 있는 엄마를 그리워하거나,
이미 천국으로 간 떠난 엄마를 그리워하는 사람도 많으니까요.
 엄마와 함께 살 부대끼며 사는 나는 그나마 엄마를 가까이서 보고 느끼며, 이제 엄마처럼 살아가고, 엄마의 뒤안길을 따라가는 나를 느낄 수 있으니까요.

누군가는 엄마를 '모시고' 산다고 표현하던데, 저는 오히려 엄마가 나를 '데리고' 살아준다고 생각합니다. 엄마가 없었다면 내 인생, 어떤 의미로 남았을지..
 죽음 앞의 삶은 유한하고 우리는 누구나 언젠가는 한 번 죽을 텐데, 불치의 병을 가진 내가 엄마보다 먼저 하늘로 가지 말라는 법도 없을 테니까요.

 지금 제 소망은 소박합니다. 엄마처럼, 엄마와 함께, 되도록 엄마보다 먼저 떠나지 않도록 건강하게 하루하루를 사는 거예요.
 지금의 나에게 '효도'라는 것이 있다면, 그저 한 순간이라도 엄마를 가까이에서 느끼고, 엄마의 말을 귀담아 듣는 게 아닐까 싶네요.
 엄마의 팔목을 주물러주는 것이 아닐까, 싶네요.

 여러분은 사랑하는 엄마를 얼만큼 느껴봤나요? 아니, 느끼고 있나요?
 흐르는 세월은 우리에게 많은 걸 깨닫게 해주지만,
엄마의 사랑만큼, 엄마가 살아온 세월의 의미만큼 가슴 뼈저리게 다가오는 건 없는 듯합니다.

 이 세상의 모든 엄마를 대신해서,
오늘도 내 엄마를 아끼며 더욱 사랑하며 살아야겠어요

파킨슨병이 도파민 약물로 치료되는 거라면,
내가 즐겁게 살면 약의 도움 없이도 불치의 병은
나을 수도 있지 않을까요? 그건 마음먹기에 달린 거니까요.

삶을
곱씹는 법

저는 어릴 때 엄마가 만들어주신 '찐쌀'이라는 간식을 잊지 못합니다. 지금이야 건강식이니 슈퍼푸드니 하지만, 당시 우리에게는 그것이 최고의 간식이었어요. 벼를 껍질째 찐 다음 말리고, 절구통에 넣어 찧고 또 찧고, 키질을 하면서 껍데기는 날려 보내고 남은 알맹이를 꼭꼭 씹어 먹던 그 시절. 배가 고플 땐 든든했고, 씹으면 씹을수록 고소했죠. 그때는 몰랐어요. 그것이 단순한 주전부리가 아니라는 것을.

지금 돌이켜 보면, 엄마는 우리에게 음식을 만들어주신 것이 아니라 삶을 곱씹는 법을 알려주셨던 것 같아요. 감정을 키질하고, 의미를 찧고, 경험을 알맹이처럼 건져 먹는 법을요. 엄마는 그렇게 사셨고, 저도 모르게 그렇게 살아왔던 것 같습니다.

절구통 앞에 앉게 된 나

제가 병을 진단받고 나서야 그 모든 게 새롭게 보이기 시작했어요. 파킨슨병. 몸이 떨리고, 근육이 굳고, 시간 앞에 무력해지는 병. 처음에는 그 병을 받아들이기 싫었습니다. 누구보다 부지런히 살았고, 화려한 이력을 쌓았고, 나름대로 사람들 앞에 내세울 수 있는 모습도 있었는데, 어느 날 갑자기 내 몸이 내 뜻대로 움직이지 않는다는 걸 인정하는 건 너무나 참담한 일이었죠.

하지만 몸이 멈추고, 삶이 멈춰섰을 때, 저는 그제야 절구통 앞에 앉은 느낌이 들었어요. 정신이 가만히 앉아서 내 삶을 되짚기 시작했습니다. 어릴 때 엄마가 키질하던 그 모습처럼, 저도 제 안에서 쭉정이들을 날려 보내고 있더라고요. 화려했던 직함, 남의 인정을 받기 위해 쌓았던 스펙, 사람들의 시선을 의식해 꾸몄던 모습들. 그것들이 하나 둘 날아가고, 나한테 정말 남은 건 무엇일까 생각하게 되었어요.

그런 과정 속에서 제가 붙잡은 알맹이는 의외로 단순한 것들이었어요.

따뜻한 밥 한 끼, 노래 한 곡, 좋아하는 사람들과의 웃음, 하루에 한 장 그림 그리기, 그리고 내 이야기를 나누는 일. 병이 제게서 많은 걸 빼앗아 갔지만, 대신 저한테 '진짜 내 것'을 남겨주더라고요. 그걸 받아들이는 데는 참 많은 눈물과 시간이 필요했지만, 이제는 이 병에게도 감사한 마음이 생겼습니다.

저는 이 책을 통해 저와 같은 경험을 하신 분들, 혹은 아직도 삶에서 자기 알맹이를 찾지 못해 방황하는 분들께 이런 이야기를 건네고 싶었습니다.

우리 모두의 인생에는 절구가 필요하다고요.

찧지 않으면 결코 드러나지 않는 맛이 있거든요. 살아온 날들을 찧고, 흔들고, 키질해 봐야 비로소 우리 삶의 참맛을 알 수 있어요.

사람은 누구나 삶에서 한 번쯤은 '찧기는 시간'을 겪습니다. 사랑하는 사람을 떠나보낼 때, 병이 찾아올 때, 오랜 관계가 무너질 때, 혹은 문득 거울 속의 나를 보며 낯설다는 생각이 들 때. 그건 아픈 순간이지만, 동시에 삶의 맛을 알게 되는 귀한 기회이기도 합니다.
 저도 그렇게 아팠고, 지금도 매일 아프지만, 그 아픔 덕분에 더 많이 느끼고, 더 깊이 사랑하고, 더 진심으로 웃게 되었습니다. 이 책의 제목처럼, 제 인생의 알맹이를 찾는 여정을 통해 저는 더 늦지 않게 진짜 나로 살아가고 있어요.

> 책장을 덮는 순간, 독자 여러분 각자의 인생에도 '알맹이'가 무엇이었는지, 잠시 멈춰서 돌아볼 수 있었으면 좋겠습니다. 이 책이 그런 작은 쉼표가 되기를, 그리고 다시 삶의 걸음을 옮길 수 있는 숨구멍이 되어드릴 수 있기를.

도파민 과분비를 희망함

제가 앓고 있는 병 '파킨슨'은 도파민이 부족해서 생기는 병이래요.
 이 병이 뇌의 도파민 분비 신경세포가 손상되면서 발생하기 때문이죠.
 파킨슨병은 뇌에 도파민을 분비하는 신경세포들이 조금씩 퇴화해서, 신체의 운동 기능 조절에 문제가 생기는 병이죠. BMJ Journal을 비롯한 세계적인 의학저널에 따르면, 파킨슨병의 주요 치료법으로 도파민 보충 또는 도파민 수용체 자극제가 사용되는데요.

 도파민이 부족한 뇌에 도파민을 공급하기 위해 '레보도파(Levodopa)'라는 약물이 쓰이기도 해요. 하지만 아쉽게도 병의 근본적인 진행을 막지는 못하죠.

나는 왜 도파민이 부족할까?
확정 진단을 받고 얼마 뒤에 혼자서 오랫동안 생각해죠.
생각해보면 저는 어릴 때부터 무언가를 계속 참고 살아왔던 것 같아요.
 남의 눈치를 보고, 나안의 목소리보다는 다른 사람의 시선만 의식하면서 살았죠.
 사람은 자기가 좋아하는 걸 하면서 살아야 하는데,

어린 시절 조부모님 슬하에서 성장했거든요.
 아버지는 돌아가셨고 엄마는 서울로 돈 벌러 갔었죠.
 그러다 보니 나는 스스로에게 너무 엄격했어요.
 1남 4녀 중 셋째 딸로 가족으로부터 사랑과 관심을 받았다고는 할 수 없어요.
 위에서 치이고 아래에서 치였던 느낌을 받았거든요.
 어린 시절에는 그게 불만이자 불공평하다고 생각하면서도 말로 표현해 본 적은 없었던 것 같아요.

 그리고 조부모님으로부터 인정받고 싶었는데 호기심이 많았든 탓에 칭찬보다 꾸중을 많이 받았거든요.
 왠지 모를 불안함을 안고 있었고 열등의식이 강했어요.
 결국 파킨슨이라는 병이 "멈춰!"하고 나를 불러세운 거죠.
 이 병은 불치라고 알려져 있어요. 혹시라도 나을 방법이 있다면, 도파민이 부족한 상태이니 도파민을 더 넘치게 분비시키면 되지 않을까?
 그래서 저는 앞으로 남은 하루하루를 오로지 도파민 과분비를 하기 위해 살기로 결심한 거예요.

도파민을 채워나가는 삶
 도파민 분비를 위해서 아침저녁으로 마치 의식을 치르는 것처럼 하는 게 있어요.
 바로 요가입니다. 먼저 눈을 감은 채 세상 만사 잡생각들을 다 놓아버리죠.

그게 어떻게 가능하냐고요?

저 머리 정수리에 가운데 손가락만 한 침을 꽂았다고 상상하죠.

그리고 냇가에 잡은 물고기를 놔주듯이, 또 마치 새 집에 갇힌 새를 자유롭게 날려주듯 우리 집 개가 바닷가 모래 백사장에서 마음껏 뛰어노는 걸 연상하면서 내가 나를 풀어주는 거예요.

그러면 나의 한계를 넘는 욕망과 욕심 그리고 근심과 불안감 등…

내 몸속에서 태워버리면 몸을 굳게 하는 감정들이 하나씩 하나씩 사라지는 듯해요. 그런 다음에 온몸에 잔뼈 하나하나 보듬고 그걸 본래의 결대로 호흡을 통해 펼쳐줍니다. 나를 자유롭게 펼치는 것도 중요하지만, 그에 못지않게 채우는 것도 필요해요.

그림을 그릴 때 도파민 5미리, 스트레칭을 할 때 도파민 10미리, 계단 오르기 할 때 도파민 30미리, 유튜브 녹화할 때는 도파민 70미리… 이런 식으로 좋아하는 것으로 하루하루를 채워나가다보니 병원에 가면 의사선생님이 깜짝 놀라곤 하죠.

저처럼 운동도 잘하고 질병에 잘 적응하는 환자가 드물다나요. 칭찬과 인정받는 순간 도파민 50미리가 또 한 번 쑥 올라갑니다.

도파민이 과다하면 ADHD가 된다고 하죠.

 근데 저는 도파민이 부족한 병이니 오히려 ADHD 환자들이 어떻게 하는지 배우고 있어요.

 남의 눈치를 안 보고 자기 하고 싶은 대로 하는

 ADHD 환자들처럼 해야 도파민이 조금이라도 더 나올 테니까요.

 인생은 하루하루 행복한 게 정답이라는 말, 아프기 전에는 귀에는 들렸는데 가슴에는 와닿지 않았어요.

 지금은 몸이 아프니 이 말이 심장을 찌릅니다. 도파민 과분비든, 부족이든 우리 모두가 재미와 행복을 추구하면서 살아야 한다는 점만은 분명한 것 같아요.

남편은 결국 '남의 편'이라서 남편이라고 하지요.
머리가 파뿌리가 될 때까지 살겠노라 언약한 부부라도
흐르는 세월 앞에 서로 간의 앙숙이 되어
이혼하거나 졸혼하는 모습을 주변에서
종종 봐오곤 했습니다.
분명히 이 사람은 내 평생의 반려자라고
확신해서 결혼을 했는데,
함께 살을 부대끼며 자식들 낳고 사는 동안
"이 사람이 내가 알던 사람이 맞나?"
싶을 정도로 다른 모습을 보고는 해요.
그래서 유명 연예인들은 그토록 "성격 차이"를
강조하면서 헤어지나 봅니다.
성격은 원래부터 다른 사람들이었는데 말이죠.

약기운에 흔들리며 보물 찾기

요즘 나의 하루는 약기운에 따라 흐릅니다.
아침에 눈을 뜨면, 제일 먼저 글을 씁니다.
맑은 머리로 몇 줄이라도 꺼내놓지 않으면, 하루가 시작되지 않는 것 같아서요.
그렇게 짧은 글을 써내고 아침 식사를 하고 나면, 정해진 시간에 약을 먹죠.

그때부터 약과의 싸움입니다.
마치 무언가가 내 몸에 스며들며 방향을 바꾸는 느낌.
약기운이 퍼져나가는 그 순간부터 머리가 멍해지고, 골이 살짝 지끈거립니다. 의욕이라는 것이 천천히 증발해 버리는 듯한 기분이 들죠.
머릿속이 텅 빈 것 같은데, 동시에 감정들은 묵직하게 가라앉습니다.
그런 시간에는 아무것도 하기 어렵습니다. 그래서 저는 그냥 누워있습니다.
억지로 무언가를 하려고 애쓰기보다, 제 몸이 주는 신호에 순응해야 하죠. 누워서 이런저런 생각을 하죠. 과거의 일, 하고 싶은 일, 아직 오지 않은 미래.

그렇게 흐르는 생각들 틈에서 저는 문득 깨닫습니다.

이 시간도, 결국 나에게 주어진 삶의 한 조각이구나.

 약기운이 가라앉고 나면, 마치 어둠이 걷히듯 몸이 가볍고
 정신이 또렷해지는 시간이 옵니다.
 저에게는 하루 중 단 한 번 찾아오는 황금 같은 시간.
 운동을 두 시간 정도 하고 나면,
 몸과 마음이 갑자기 일사불란하게 움직이기 시작합니다.
 그때는 뭐랄까, 저는 가장 저답습니다. 그림을 그리고, 녹음도 합니다.
 그 짧지만 진한 몇 시간은 마치 '보약' 같습니다. 그 시간 동안만큼은 병도, 약도, 피로도 저를 가두지 못합니다. 오히려 그 시간을 향해 하루를 견디고 기다리는 것 같기도 해요.

 그 황금빛 시간 속에서 저는 저만의 작은 꿈을 키웁니다. 느리고 서툴지만, 분명히 나아가고 있다는 느낌.
 아침의 약기운이 나를 누르던 리듬에서 반전처럼 솟아오르는 생기. 그것은 작은 반란이자, 조용한 저만의 승리이죠.

가끔은 이렇게 생각해요.
 내 인생이 약기운이라는 기차에 올라타,
 느릿하게 혹은 비틀거리며 어디론가 흘러가고 있다고.
 멈춰 서는 듯 보이지만 결국엔 조금씩 나아가고 있다고.
그 흐름에 몸을 맡기고, 하루의 리듬을 따라 살아가는 나.

 어쩌면 이 느슨하고 불안정한 하루가 바로 나만의 삶이고, 그 속에 숨은 황금 같은 시간이 나를 다시 일으켜 세우는 보물인지도 모르겠네요.
 약기운에 흔들리면서도, 꿈을 향해 다시 붓을 들고,
목소리를 녹음하는 이 작은 일상이야말로, 제가 가진 가장 큰 힘입니다

용서를 통해 나를 해방시키다

용서란 상대방을 위한 것이라고 생각하신 적이 있으신가요?
'잘못한 사람이 뉘우치고, 피해자는 너그러이 용서하는 것.'
이것이 우리가 흔히 배우는 용서의 정의죠.
 하지만 나이가 들고, 많은 사람과 부대끼며 살다 보면 용서란
단순히 남을 위한 것이 아니라는 사실을 깨닫게 됩니다.
용서는 무엇보다도 나 자신을 위한 것입니다.
그리고 용서를 통해 나 자신을 해방시킬 때, 비로소 진정한 자유를 경험할 수 있습니다.

우리는 살아가면서 크고 작은 상처를 입습니다.
어떤 상처는 오래된 가시처럼 마음 깊이 박혀 있어서,
오랜 시간이 지나도 사라지지 않지요. 때로는
우리가 그 상처를 가슴에 품고 사는지도 모른 채,
무의식적으로 분노하고 괴로워하며 살아갑니다.
하지만 그 상처를 품고 살아가는 것은 결국
나 자신을 옭아매는 일입니다. 내가 미워하는 그 사람은
이미 내 삶에서 사라졌거나, 혹은 자신의 잘못을 잊고
아무렇지 않게 살아가고 있을지도 모릅니다.
그런데도 왜 나는 여전히 그 기억 속에 갇혀 살아야 할까요?

용서하지 않으면, 내가 갇힌다

인생에서 가장 깊은 상처를 주었던 사람을 떠올려 보세요.

혹시 지금도 그 사람을 원망하고 있지는 않으신가요?

오랜 시간 미움을 간직한 채 살아오셨다면, 그 원망이 여러분의 삶을 조금씩 갉아먹고 있을지도 모릅니다. 용서하지 않는다는 것은 결국 그 사람에게 내 감정을 빼앗긴다는 것과 같습니다.

용서하지 못한 마음은 마치 무거운 돌덩이를 안고 가는 것과 같습니다.

억울함, 분노, 미움이 마음속에서 가득 차올라, 점점 삶이 무거워지는 것이지요. 하지만 그 돌덩이를 내려놓는 순간, 우리는 비로소 자유로워질 수 있습니다.

미움을 버리는 것이 그 사람을 위한 것이 아니라, 결국 나 자신을 위한 선택이라는 사실을 깨닫게 됩니다.

내가 용서하는 순간, 더 이상 그 감정에 끌려다니지 않게 됩니다.

용서는 우리에게 선택의 자유를 줍니다.

어떤 감정을 계속 품고 있을 것인지, 어떤 기억을 간직할 것인지 선택할 수 있는 자유 말입니다.

그 자유를 손에 넣고 나면,
 우리를 옭아매던 사슬이 끊어진 듯한 해방감을 느낄 수 있습니다.
 과거의 그림자에 시달리지 않고, 온전히 현재를 살아가는 삶을 선택할 수 있게 되는 것이지요.

용서는 기억을 지우는 것이 아니다
 많은 사람들이 '용서하면 다 잊어야 한다'고 말합니다. 하지만 용서란 기억을 지우는 것이 아닙니다.
 상처를 준 사람을 다시 신뢰하거나, 관계를 회복해야 한다는 의미도 아닙니다.
 용서는 단순히, 그 기억에 더 이상 끌려다니지 않겠다는 선언입니다. 더 이상 과거의 감정에 묶이지 않고, 스스로를 자유롭게 하겠다는 다짐이지요.

 마음속에 미움을 품고 있는 한, 우리는 현재를 온전히 살아갈 수 없습니다. 누군가를 미워하는 감정이 우리를 사로잡고 있을 때, 현재의 행복을 누릴 기회를 놓치게 됩니다.
 미움은 과거에 우리를 묶어두고, 현재를 흐릿하게 만듭니다.

 혹시 마음속에 미움이나 원망이 자리 잡고 계신가요? 그렇다면 스스로에게 물어보세요.

'이 감정을 계속 간직하는 것이 내게 도움이 되는가?'
만약 그 답이 '아니오'라면, 이제는 그 감정을 놓아주셔야 할 때입니다.
용서한다는 것은 그 사람의 행동을 정당화하는 것이 아닙니다.
단지, 그 사람 때문에 내 삶이 더 이상 흔들리지 않도록 하겠다는 다짐일 뿐입니다.

기억을 잊지 않아도 됩니다.
하지만 그 기억을 바라보는 시선을 바꾸는 것은 가능합니다. 상처를 준 사람을 떠올릴 때마다 미움과 분노가 아닌, '이제는 자유롭다'는 감정을 떠올려 보십시오. 그렇게 할 때, 그 상처는 더 이상 우리를 얽매지 못하게 됩니다.

나를 위한 용서를 선택하다
한 번은 친구와 대화를 나누다가 이런 말을 들었습니다.

"하자씨는 왜 그렇게 잘 용서하세요? 저는 도저히 그럴 수가 없어요. 그 사람 때문에 얼마나 힘들었는데요."
그 말을 듣고 저는 잠시 생각에 잠겼습니다.
그리고 이렇게 대답했지요.

"저는 용서해서가 아니라, 그 감정에 더 이상 묶이고 싶지 않아서 그래요. 용서하지 않으면 결국 그 사람 때문에 내 기분이 계속 상할 테니까요."

우리는 종종 '이렇게 쉽게 용서하면 내가 손해 보는 것이 아닐까?' 하는 생각을 합니다. 하지만 오히려 반대입니다.
 용서하지 않고 미워하는 감정에 사로잡혀 있는 것이야말로 가장 큰 손해입니다.
 미워하는 동안, 우리의 감정은 과거에 묶여버리고, 소중한 현재를 놓치게 됩니다. 더 이상 과거에 갇혀 살고 싶지 않다면, 이제는 용서를 선택해야 합니다.

용서를 배우고 나서야 알게 된 것
50이 넘어서야 저는 깨달았습니다. 용서는 남을 위한 것이 아니라, 나 자신을 위한 것이었습니다.
 그리고 용서를 선택할 때, 저는 더 이상 과거에 얽매이지 않고, 자유로운 사람이 될 수 있었습니다.

 혹시 지금도 마음속에 놓지 못한 미움이 있으신가요?
 그렇다면 한 번 생각해보십시오.
 그 감정을 계속 품고 있는 것이 여러분의 행복에 어떤 영향을 미치고 있는지를 말입니다.
 만약 그 감정이 나를 불행하게 만든다면, 이제는 그 짐을 내려놓을 때입니다.

 용서는 쉽지 않습니다. 하지만 미워하는 것보다는 훨씬 더 가볍고 자유로운 선택입니다.
 우리는 인생의 후반부를 더 행복하게 살아야 합니다.
 그러기 위해서라도, 이제는 불필요한 미움과 얽매임에서 벗어나야 하지 않을까요?

저는 용서를 통해 한층 더 가벼운 삶을 살고 있습니다.
과거를 붙들고 사는 대신, 현재를 온전히 살아가기로 했습니다.
미움을 버린 대신, 마음의 평화를 선택했습니다.
그것이 제 인생에서 가장 현명한 결정이었습니다.

용서하는 순간, 내 삶은 더 이상 과거가 아닌, 나를 위한 것이 됩니다.
그리고 그때 비로소 우리는 진정으로 자유로워집니다.

용서하는 순간, 내 삶은 더 이상 과거가 아닌,
나를 위한 것이 됩니다.
그리고 그때 비로소 우리는 진정으로 자유로워집니다

남에게 주는 것이 진정한 소유임을 배우다

 어릴 때는 손에 쥐고 싶은 것이 많았습니다.
 좋은 옷, 멋진 집, 인정받는 경력, 그리고 사랑까지. 무언가를 손에 넣을 때마다 제 삶이 더 풍요로워질 거라 믿었고, 많이 가질수록 행복해질 거라 생각했습니다.
 하지만 인생의 반환점을 돌고 나니, 그 믿음이 잘못된 것이었음을 깨닫게 되었습니다.

 진정한 소유란 움켜쥐는 것이 아니라 나누는 것이었습니다.

 많은 사람들이 '주는 것'과 '잃는 것'을 동일시합니다.
 하지만 오십이 넘어서야 저는 알게 되었습니다.
 남에게 준 것이야말로 제 것이 됩니다.
 남을 위해 시간을 내고, 배운 것을 나누고, 물질을 베풀 때, 제 삶이 훨씬 풍요로워진다는 사실을 깨달았습니다.

나누면, 더 커집니다
 제가 유튜브를 하는 것, 이렇게 책을 쓰는 것이 저는 나눔의 활동이라고 생각합니다. 그저 시간을 내어 누군가에게 도움을 줄 수만 있다면 좋겠지요.

하지만 놀랍게도, 이러한 활동에서 저는 제 인생에서 가장 값진 선물을 받았습니다.
 처음에는 사람들에게 생각을 나누는 기분이었습니다.
 그런데 시간이 지날수록 깨달았습니다.
나눈다고 생각했던 것이, 사실은 제가 더 많이 받는 일이었습니다.
 그때부터였습니다. 제가 가진 것을 나눌수록,
제 삶이 더 풍성해진다는 것을 알게 된 순간이.
남에게 주는 것이 곧 저를 위한 일이라는 걸 깨달은 거죠.

 저는 이 경험을 한 이후로 제 주변을 다시 돌아보았습니다.
 세상을 자세히 보면, 우리가 도울 수 있는 사람이 너무나 많습니다.
 길에서 무거운 짐을 든 할머니를 도와드릴 수도 있고,
바쁜 후배에게 따뜻한 조언을 건넬 수도 있습니다.
 심지어 카페에서 만난 낯선 사람에게 미소를 건네는 것도 작은 나눔이 될 수 있습니다. 이런 작은 친절 하나하나가 모여 세상을 더 따뜻하게 만듭니다.

주는 것이 곧 남는 것입니다
젊은 시절에는 아끼고 모으는 것이 중요하다고 생각했습니다.

하지만 인생 후반부에 들어서면서, 소유란 결국 일시적인 것에 불과하다는 걸 깨달았습니다. 아무리 많은 것을 소유해도, 제가 세상을 떠나는 순간 모든 것이 남겨질 뿐입니다.

오히려 남에게 나눈 것만이 제 인생에 진짜로 남습니다.

살아오면서 가장 후회되는 순간이 언제였을까요?
더 많이 벌지 못한 것? 더 많은 재산을 쌓지 못한 것? 아닙니다. 더 많이 나누지 못한 것. 더 많이 사랑하지 못한 것. 더 많이 베풀지 못한 것.

한 번은 한 어르신이 제게 이런 말씀을 해주셨습니다.
"사람은 가진 걸 무덤까지 가져갈 수 없단다. 하지만 네가 베푼 것은 사람들의 기억 속에서 오래도록 남아."
그 말씀을 듣고, 제 인생을 다시 돌아보게 되었습니다. 제가 떠난 후에도 사람들의 기억 속에 남아 있을 것은 무엇일까요?
결국 남아 있는 것은 제가 나누었던 것들이었습니다. 그것만이 사람들의 기억 속에서 영원히 살아남습니다.

베푸는 것은 돈이 아니라 마음입니다
누군가는 이렇게 말할 수도 있습니다.
'나도 베풀고 싶지만, 내 것도 부족하다'고.
하지만 베푼다는 것은 단순히 돈을 기부하는 것이 아닙니다.

제가 가진 것 중에서 조금이라도 나눌 수 있는 것이 있다면, 그것이 바로 베풂입니다. 어떤 사람은 시간을 베풀고, 어떤 사람은 지식을 나누고,
어떤 사람은 위로의 말을 건넵니다.
가끔은 따뜻한 미소 하나도 큰 나눔이 됩니다.

제가 아는 한 노인은 평생을 어렵게 살았지만,
늘 주변 사람들에게 따뜻한 한마디를 건넸습니다.
그는 동네에서 '인사하는 할아버지'로 불렸습니다.
"좋은 하루 보내세요!" "오늘도 건강하세요."
그 분은 늘 사람들에게 긍정적인 말을 건네곤 했습니다.
그리고 신기하게도, 그는 늘 사람들에게 사랑받고 있었습니다.
가진 것은 없었지만, 그는 나눔을 실천하고 있었습니다.

이처럼, 베푸는 것은 거창한 것이 아닙니다.
작은 나눔이 모여 큰 기쁨이 됩니다.

나눌수록 내 것이 되는 역설
사람들은 흔히 '잃고 싶지 않아서' 움켜쥐려 합니다.
하지만 역설적이게도, 움켜쥐면 쥘수록 손에서 빠져나가는 것이 인생입니다.
사랑도, 행복도, 지식도, 경험도 모두 마찬가지입니다.

저는 이제야 깨달았습니다.
제가 남에게 준 것만이, 결국 제 것이 된다는 사실을.

제가 가르쳐 준 지식은 저를 기억하는 사람들의 삶 속에 남아 있을 것이고, 제가 베푼 친절은 또 다른 사람에게 전해질 것입니다. 제가 나눈 따뜻한 말 한마디는 누군가의 기억 속에 오래도록 자리 잡을 것입니다.

사람은 결국, 자신이 남긴 흔적으로 기억됩니다.
우리가 움켜쥔 물질은 사라지지만, 우리가 나눈 사랑과 친절은 누군가의 가슴속에 영원히 남습니다.
그래서 저는 오늘도 나누려 합니다. 제 남은 삶을 진정으로 '소유'하기 위해서.

베풀면서 살기
50이 넘은 지금, 저는 욕심을 내려놓기로 했습니다.
나눌수록 더 커지고, 베풀수록 더 행복해진다는 삶의 진리를 이제서야 깨달았기 때문입니다.

혹시 여러분도 무언가를 꼭 쥐고 있지는 않으신가요?
재산, 미움, 자존심, 혹은 불필요한 걱정들.
그것들을 조금씩 내려놓고 나눠보십시오. 그러면 분명 더 가벼운 마음과, 더 행복한 인생을 살게 될 것입니다.

진정한 소유는 움켜쥐는 것이 아니라, 나누는 것입니다.

어느 날, 누군가 저를 떠올릴 때 '그 사람은 늘 따뜻한 사람이었지'라고 기억해준다면, 그것이야말로 제가 남긴 가장 소중한 유산이 아닐까요?

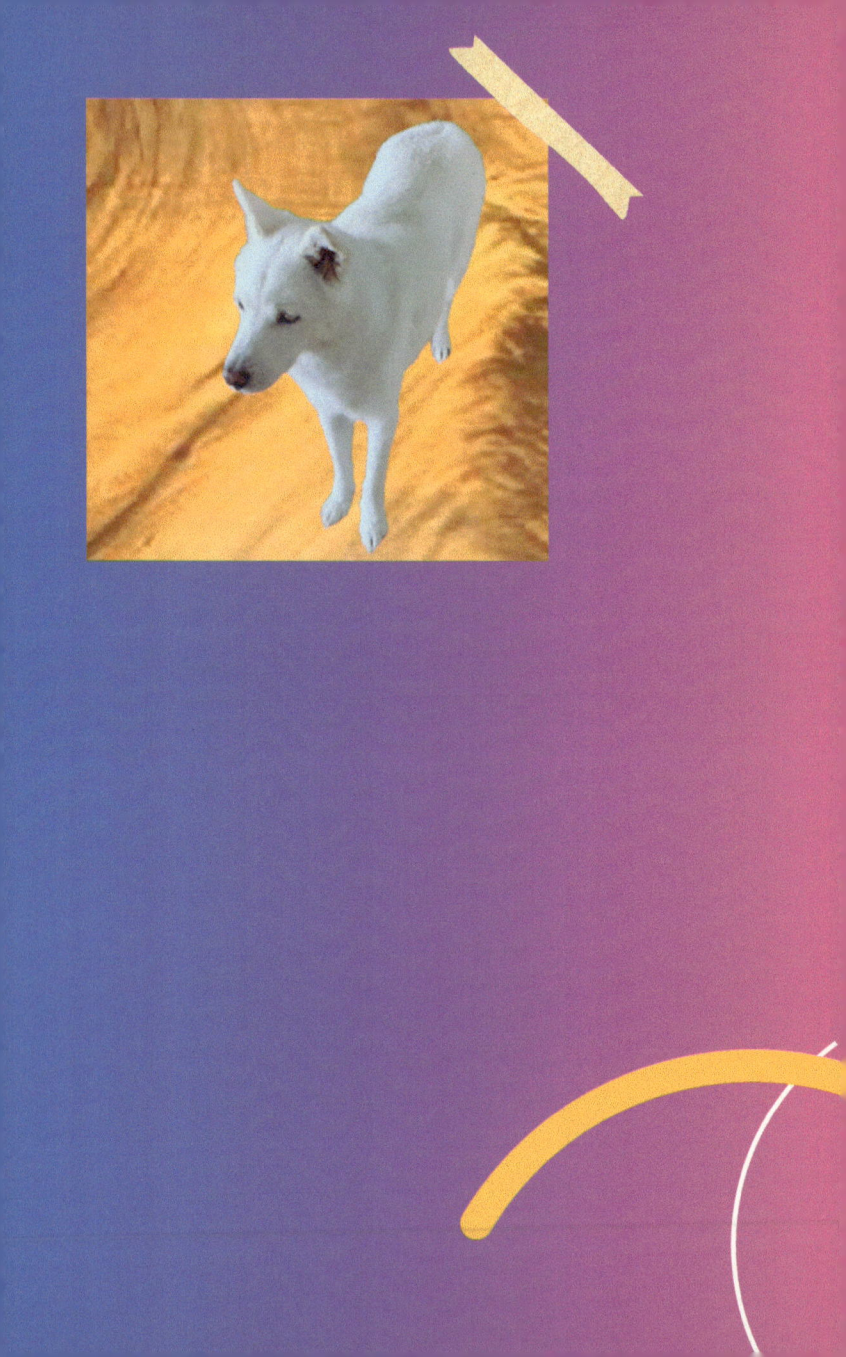

PART 4

자아의
알맹이

겉보기에 화려하고, 남들이 부러워하는 삶도 결국
내가 빠져 있다면 나는 그 삶의 주인공은 아닌 셈이죠.
진정 스스로가 주인공인 삶을 살고 싶다면,
지금 내가 진정으로 원하는 걸 하고 있는지 스스로에게
물어보세요.

내가 진짜 원하는 걸 알기 위해서는

고백하자면 저는 젊은 시절 일본 문화복장학원 패션디자인과를 다니면서 여성 의류 니트회사에 알바를 했어요.

졸업을 하고 그 회사에 근무하다가 귀국해서 모 방송국 스타일 리스트로 일을 했지요. 우연히 정치인 스타일리스트를 맡았다가 이미지 컨설턴트까지 되었고요.

이미지 컨설팅(Image Consulting)은 개인이나 기업의 이미지, 스타일, 커뮤니케이션 방식을 만들어주고, 전반적인 인상을 향상시켜주는 서비스예요.

우리나라에서는 정치인 전문 컨설턴트, 퍼스널 컬러 분석을 통한 컨설팅에 능한 전문 컨설턴트들이 많죠.

저 역시 정치인이나 유명인들의 이미지 메이킹을 도와주는 컨설팅 일을 한 적이 있어요. 그렇다고 제가 잘났다고 생각하느냐면 한때는 그랬어요.

저한테도 구멍, 그러니까 약점이 있다는 걸 모를 때까지는요.

어느 날 한 곳에서 강연 요청이 왔어요.

저는 강의 준비를 하고 여러 사람 앞에서 멋지게
제 스스로 존재를 입증하려고 했죠. 밤새워 준비한 ppt
를 여러 번 다시 확인하고 강단에 올랐는데,
 강의를 90분 동안 하고 내려오는데 저 뒤통수에 비난이
마치 소나기 쏟아지는 듯했어요. '안녕하세요.'라고 오프
닝에 들어감과 동시에 말꼬리가 흐려지기 시작했죠.

 당연히 강의 내용은 뒤죽박죽되었고 저는 식은 땀만 줄
줄 흘러내렸어요.
 저는 제가 '강의 울렁증'이 있는 줄 몰랐던 거죠.
 강의를 거듭할수록 울렁증은 덜했지만 감동적인 강의
는 하지 못했어요. 강의 시간을 맞춰 원고를 쓰고 그대로
외워서 읽다시피 한 강의를 한 거예요.
 어느 날 지인으로부터 제가 강사 평가가 좋지 못하다는
걸 알고는 저 한테 그러더군요. '강의는 펄떡이는 물고기
처럼 살아 있어야 감동도 살아나는 거야.' 그 말이 저 가
슴에 꽂혔어요.
 그날 이후 대학교 기업의 강의보다 개인 컨설팅에 집중
했어요.

진짜 내 꿈은 뭘까
50대 초반에 접어들면서 강의에 대한 회의로 슬럼프에
빠지게 되었죠.
 그때, 내가 잘한다고, 좋아한다고 믿었던 것이 전부가
아니라는 걸 깨달은 거죠.

' 진짜 내 꿈은 뭘까?'

 잘 나가던 경력을 접고, 집안에만 칩거했던 저는 나만의 진짜 꿈이 무엇일지 고민했어요.

 그 어려웠던 1981년. 대학에 입학하자마자 민주화 운동에 끼어들었죠.

 공부는 뒷전이고 데모하다가 여기저기 숨어다녔는데, 다른 친구의 부모들은 친구들을 시집을 다 보냈거든요. 그런데 엄마는 저를 유학을 보냈어요.

 남들 부럽다는 유학까지 다녀왔지만, 그건 주입식 교육으로 빚어진 '가짜 꿈'이었던 거예요. 저는 철저하게 저를 누르면서 살았고 스트레스로 인해 피부 트러블도 생기기도 했죠.

 뿐만 아니라 자존감은 바닥이고 어깨는 이른바 오십견이라는 진단을 받고 통증에 시달리기도 했어요. 그 때문에 제 뇌는 도파민이 부족해서 결국 '파킨슨'이라는 병까지 얻게 되었고요.

 그런데 희한하게 몸이 아프고 나니 이제는 사람들한테 보여지는 것에 더 이상 신경 쓸 필요가 없었지요.

 제가 확정 진단을 받은 후 가장 먼저 생각한 게 있어요. '뭘 하면서 어떻게 살아가지'였어요.

누가 알아주지 않아도 내가 행복할 수 있는 일이 무엇인지 찾다 보니 그림을 그리게 되었고 저 생각을 글로 쓰게 되었고 유튜브를 시작하게 되었어요. 이게 돈이 되지도 않고, 내게 명성을 가져다주지 않아도 저는 제 남은 인생에 드디어 제가 좋아하는 '진짜 꿈'을 찾은 거예요.

 여러분도 저처럼 마음 깊이 숨겨진 꿈에 대한 갈망이 있을 거예요.
 지금 인생의 어두운 터널을 지나고 있다면, 어쩌면 그 꿈이 내면의 목소리로 내게 말을 걸고 있을지도 모르니 한 번 귀 기울여 보세요. 또 알아요?

 인생 2막이 내 인생의 가장 빛나는 시절로 남을지 말이에요.

이건 그냥 방송이 아니에요

유튜브를 시작한다고 했을 때, 주변에서 말렸어요.
"아프다면서 무슨 유튜브야?", "힘들 텐데 굳이 그걸 왜 해?"
 그 말도 맞아요. 힘들죠. 손 떨리는데 카메라 켜고,
 말도 느리고 손도 느리니까 편집하는 데 시간도 더 걸리고.
 근데요, 전 그냥 영상 몇 개 올려보자는 마음으로 시작한 게 아니에요.
 처음엔 저도 망설였어요.
 주제를 정하고 손 떨리는데 그림을 그리고 나레이션을 하기 위해 쓴 글을 녹음하기 위해 수없이 외우다시피 연습을 해서 녹음을 하고…가뜩이나 말도 느리니까 편집하는데 시간도 배나 걸리고.

 마치 나무 늘보처럼요.
 그러다가 문득 그런 생각이 들었어요.
 '이건 그냥 방송이 아니고, 내 인생을 증명하는 일이구나.'
 제가 병을 알리고, 내 이야기를 꺼내는 게 누군가에겐 별일 아닐 수 있지만,
 누군가에겐 아주 중요한 일이 될 수 있거든요.
 실제로 제 영상을 보고 어떤 분이 이렇게 말했어요.

"하자님 영상 보면서 저도 병 숨기지 않고 살아보기로 했어요."

그 말을 듣는 순간, 아 이거다 싶었어요.

유튜브는 내 일기장 같기도 하고, 누군가에게 보내는 편지 같기도 해요.

무대 위에 선 건 나지만, 그 안에 담긴 건 우리 모두의 이야기더라고요.

가끔은 '이렇게까지 다 보여줘야 하나?' 싶은 순간도 있어요.

목소리 힘이 없는 날. 그런 날엔 그냥 쉴까 싶은데, 또 마음 한구석에서 이렇게 말해요.

"이게 누군가한테는 오늘 하루 버틸 힘이 될 수도 있어."

그래서 켜요. 비록 얼굴도 안 드러내고,
편집도 서툴고, 말도 자꾸 꼬이지만,
그 진심 하나만큼은 화면을 통해 전해지더라고요.
그리고 그 진심을 알아봐주는 분들이 있다는 게, 얼마나 힘이 되는지 몰라요.
구독자들이 댓글로 "하자님 영상 기다렸어요",
"오늘도 살아줘서 고마워요" 할 때마다 가슴이 꽉 차요.

**이건 단순한 조회수 싸움이 아니구나.
이건 서로 살아 있다는 인사구나.**

내가 이렇게 살아가고 있다는 걸 보여주는 것,
그리고 누군가에게 "나도 괜찮아"라고 말할 수 있게 도와주는 것.
그게 유튜브를 하는 이유예요.
아파서, 더 해야 했어요.
약해서, 더 보여줘야 했어요.
이게 누군가의 마음을 살릴 수 있다면, 저는 오늘도 영상을 올립니다.
이건 단순한 유튜브 활동이 아니에요.
이건 제 삶이고, 우리의 이야기예요. 그리고 그 이야기를 듣고 함께 울고 웃는 사람들이 있다는 것.

그게 제가 유튜브를 멈출 수 없는 진짜 이유입니다.

댓글 한 줄에 전해진 감동

유튜브를 시작하면서 댓글을 무서워했어요.
 이상하게 사람들 말 한 줄이 그렇게 무섭더라고요.
 "왜 저런 내용까지 방송하냐",
 "아픈 걸 왜 굳이 알려야 해?" 혹시라도 그런 말이 달릴까 봐,
 영상 올리고도 며칠은 댓글창을 못 열어봤어요.

 그런데요, 첫 영상에 달린 댓글을 보다가 그냥… 엉엉 울어버렸어요.
 "하자님 덕분에 오늘 하루 견딜 수 있었어요."
 이 짧은 문장 하나가, 며칠 동안 제 마음을 계속 두드렸어요.
 '내가 누군가에게 힘이 될 수 있구나.'
 그걸 처음 느낀 순간이었어요.

 생각해보면, 아픈 몸으로 무언가를 계속 한다는 게 쉬운 일은 아니잖아요.
 말은 느려지고, 표정도 예전 같지 않고,
 어떤 날은 손이 너무 떨려서 댓글에 답장조차 하기 힘들 때도 있어요. 그럴 때마다 마음속에 '이걸 계속해야 하나?' 싶은 순간이 오거든요.

 그런데 그런 날, 꼭 누군가 댓글을 달아요.
 "하자님 영상 덕분에 오늘도 웃었어요."
 "저도 병이 있는데, 하자님 보면서 용기 냈어요."

그런 댓글 하나에, 다시 살아가야 할 이유가 생겨요.
그게 별 거 아닌 것 같아도요, 진짜 진짜 큰 위로가 돼요.

가끔은 댓글을 달면서 혼잣말처럼 중얼거려요.
"나도 고마워요. 진짜로요."
누군가가 내 하루를 견디게 해주는 거잖아요.
말 몇 줄로 서로를 이렇게 단단하게 묶을 수 있다는 걸,
저는 유튜브 하면서 처음 알았어요.

기다려주는 눈빛의 힘

살다 보면요, 아무 말도 듣고 싶지 않을 때가 있어요.
괜히 사람 말 한 마디에 마음 다치고, 오해받고, 서운하고. 그럴 땐 말보다 '기다려주는 눈빛'이나 '침묵의 위로'가 필요하잖아요.

그런데 이 댓글들은 좀 달랐어요.
굳이 위로하려 하지도 않고, 과하게 미화하지도 않아요.
그냥 "함께 있어요", "보고 있어요",
"오늘도 고마워요" 이런 말이요. 그게 얼마나 큰 힘인지,
저 같은 사람은 절절히 느껴요.

제가 누군가의 댓글 덕분에 하루를 버텼듯, 제 영상도 누군가에게 그런 댓글 같은 존재였으면 좋겠어요.
"힘내요"라는 말보다 "괜찮아요"라는 말이 더 따뜻하게 다가오는 날이 있거든요.

그래서 저는 오늘도 댓글창을 열어요.
눈이 침침해도, 손이 떨려도, 거기엔 제가 살아가는 이유가 있거든요.

댓글 한 줄에 울 수 있는 사람, 그 눈물이 누군가의 하루를 밝혀줄 수 있다면,

그것만으로도 저는 참 잘 살고 있는 거죠.

내가 나를 돌보는 연습

여러분 집에 화초 키우세요. 한 그루라도 키우시나요?
저는 화초 키우는 걸 참 좋아했습니다. 파킨슨 병이 있기 전까지만 해도 다양한 화초를 키웠는데 질병 진단을 받고부터 화초에 관심이 서서히 사그라들더라고요.
그런데 어느 날 지인이 저희 집에 장문을 했을 때 방치했다시피 한 화초를 보고 이런 말을 하더군요.
"집에 환자가 있으면 화초라도 싱싱하게 보여야지."
그 말은 환자 집일수록 화초를 신경 써서 싱싱하게 키워야 한다는 뜻이었죠.
예전엔 '나를 돌본다'는 말이 좀 낯설었어요.
남편 밥 챙기고, 애들 학교 보내고, 일하고,
주말엔 교회 가고 그러면 하루가 그냥 훅 지나가잖아요.
그러다보면 '나는 언제 챙기지?' 싶은 순간이 오는데,
그땐 이미 기력이 바닥일 때예요.
파킨슨병 진단을 받고 처음 든 생각이 그거였어요.
'아, 내가 나를 너무 방치했구나.'
몸이 이상한데도 병원 갈 시간 없다고 넘기고, 손이 떨리는데도 "에이, 피곤해서 그렇겠지" 하며 무시하고.
그 모든 게 나를 돌보지 않은 결과였더라고요.

처음엔 죄책감도 들었어요.
'내가 조금만 더 나한테 관심 가졌다면 이렇게까지 되진 않았을 텐데.'
근데 그 생각도 결국 또 나를 괴롭히는 거더라고요.
그래서 방향을 바꿨어요. 이제라도 나를 제대로 챙겨보자고.
요즘은 하루에 한 번이라도 꼭 나한테 물어요.
"오늘 너 괜찮니?" 이 질문이 별거 아닌 것 같지만, 진짜 위로가 돼요.
누가 나한테 그렇게 물어본 적도 없고, 나도 나한테 그렇게 따뜻하게 대해본 적이 없었거든요.

오늘도 잘 살아보자
하루 일과도 많이 달라졌어요.
예전엔 아침부터 바쁘게 움직였는데, 지금은 느긋하게 일어나서 햇볕 좀 쬐고, 천천히 커피 한 잔 마시고. 그리고 거울을 봐요.
거울 속 내가 말하죠. "그래, 오늘도 잘 살아보자."
내 몸이 신호를 보내면, 이제는 무시하지 않아요.
손이 떨리면 '쉬자' 하고, 피곤하면 '오늘은 눕자' 해요.
예전엔 늘 참고 참다가 어느 날 뻥 터졌는데, 지금은 터지기 전에 조용히 멈춰요. 그게 나를 지키는 방법이더라고요.

그리고 중요한 거 하나.
'나를 돌본다'는 게 꼭 거창한 무언가일 필요는 없다는 거예요.

예쁜 접시에 반찬 하나 더 올리는 거,
좋아하는 음악 틀어놓고 설거지하는 거,
손 떨리지만 손톱에 예쁜 색칠하는 거.
그런 사소한 것들이 모여서, 하루가 조금 덜 힘들어져요
어느 날 유튜브 댓글에 어떤 분이 그러셨어요.
"하자님 덕분에 저도 저를 챙기기 시작했어요."
그 말이 참 고맙더라고요. 우리가 서로를 챙기는 건, 결국 나를 챙기는 일이기도 하잖아요.
병이 생기고 나서야 나를 제대로 바라보게 된 게 참 아이러니해요.
하지만 늦은 건 아니라고 생각해요.
지금부터라도 잘 돌보면, 남은 시간은 더 따뜻할 테니까요.
그러니까요, 너무 바쁘게만 살지 마세요.
하루에 단 5분이라도 괜찮아요. 나한테 물어보세요.
"너, 진짜 괜찮니?" 그리고 그 물음에 귀 기울여 주세요.
우리가 나를 돌보는 법을 배울 때, 진짜 삶이 시작되는 것 같아요.

내 안에는 두 명의 내가 있습니다.
평생의 나를 만든 몸,
그리고 내 생각을 만든 에고가 그것이죠.
우리는 이 중 어느 하나도 차별하지 말고
사랑해주어야 합니다.
노년에 행복한 삶을 위해서는
나 자신과 친해져야 해요.

세상에서 하나뿐인 내 편, 나 자신과 잘 지내는 법

내 자아는 나라는 사람의 그림자입니다.
'에고'라고 하는 우리의 자아는
'내가 나를 어떻게 생각하는가'하는 이미지와도 관련이 있죠.
 이미지 컨설팅이 직업이었던 저는, 수많은 사람들을 보며 사람이 자기 스스로를 어떻게 생각하는지가 그 사람의 행복과 깊은 연관을 맺고 있다는 걸 알게 되었어요.
 사회적으로 성공한 한 분은 기부하는 삶을 살다가
사람들이 '졸부'라고 비판하자 그만 어느 날 칩거를 하더군요.
 그가 기부를 끊은 복지관의 아이들은 아무도 돌봐주지 못하는 처지가 되었죠. 그런가 하면 불의의 사고로 앞이 안 보이게 된 지인 중 한 사람은, 사진작가를 하다가 지금도 강연과 유튜브로 사람들을 만나고 있어요.
 그는 자기 스스로를 '마음의 등불을 밝혀주는 메신저'라고 명명하는데요.
 이 작가는 시력을 잃고 장애인 등록을 하지 않았는데,
 그 이유를 묻자 '사람들이 지칭하는 장애의 한계에 갇히고 싶지 않았다'고 했습니다.
 이 사람은 겉으로는 장애가 있지만, 그의 자아는 자유로운 존재였죠.

저도 장애를 가지고 살고 있지요.

불치병이라 불리는 파킨슨병 때문에 때로는 고통 때문에 몸부림쳐서 삶을 등지고 싶다는 생각을 할 때도 많아요.

내 몸이 내 마음처럼 되지 않는 날에는 마치 내가 몸안에 갇힌 존재라는 좌절감도 듭니다.

하지만 이는 내 진정한 에고는 아니에요. 그럴 때 저는 부드럽게 제 자아를 설득합니다.

'비록 몸은 아프지만 내 마음은 누구에게도 구속받지 않는 자유로운 존재야.

그러니 몸은 그러한 내 영혼을 반영하는 거울이 될 거야.'

그렇게 생각을 바꾸면 신기하게도 통증이 멎을 때가 있어요. 영국의 유명 작가 C.S.루이스는 우리 몸을 '당나귀 같은 존재'라고 했죠.

내 몸이지만 말을 듣지 않고 제멋대로 날뛰는 몸을 다스리려면 당나귀를 달래듯이 살살 달래야 한다고요.

아픈 몸도 분명한 나의 한 부분이기에 사랑해주어야 해요. 아픈 몸을 책망하고 마음으로만 자유롭다고 해서 삶이 달라지지는 않아요.

그래서 저는 매일 저녁마다 제 다리를 주무르면서, 제 팔을 스스로 만지면서 이렇게 되뇌곤 합니다.

'나는 너를 진심으로 사랑해. 내 몸이 되어주어서 고마워.'

하와이 인디언들은 사물에도 영혼이 있다고 믿고, 말을 건넨다고 해요.

나를 소중하게 데려다준 자동차에게 고마움을 표하고,
내 목소리를 전달해준 마이크에게 고맙다고 인사를 하면 그날부터 하루하루는 감사에 젖어서 보내게 됩니다.
나를 사랑하는 데에는 달리 특별한 방법이 없죠.
 순간순간 내 스스로에게 사랑한다고 말하고,
 내 기분을 좋아지게 만드는 작은 노력을 하는 것,
 이것이 바로 진정한 셀프 이미지 메이킹이 아닐까요.

 오늘부터 하루에 한 번씩 나를 사랑한다고 거울 앞에서 말해보세요.
 비록 배우자나 자식이 사랑한다고 말을 안 한다고 해서 나 스스로가 나를 사랑하지 말라는 법은 없으니까요.

자녀들과 친구처럼 지내는 사람, 부럽지 않나요?
마치 늙은 엄마와 친구처럼
지내는 것처럼 말이에요.
저는 이 두 가지를 다 해내다보니,
주변의 부러움을 살 때가 있어요.
어떻게 하면 자식이 혹처럼 느껴지지 않고,
때로는 인생 친구처럼 우정과 사랑을
나눌 수 있을까요?

자식을 통해서 나를 치유하는 거울 관계의 비밀

제 친구 중에서 딸만 둘인 친구가 있어요.
이 친구는 일찍 이혼해서 애를 혼자 키우는데,
그 중에 막내가 어릴 때부터 아파서 초등학교 갈 때까지 업어서 키웠지요.
그러는 통에 큰 아이는 자연스럽게 엄마의 손길이 덜 가게 되었죠.
큰 딸은 엄마한테 "소영이 아픈데 꼭 그래야겠니?"라는 말을 들었고,
자연스럽게 엄마와 멀어지게 되었대요.
그리고 세월이 흘러 막내 딸은 시집을 갔고,
큰 딸은 결혼을 하지 않고 엄마랑 같이 살았습니다.
어느 날 제가 친구 집에 갔더니, 둘째 딸의 손녀를 보면서 친구가 고생하고 있더군요.
"소영이는 어디가고 네가 이 고생이야?"
"말도 마라. 지금 사네 마네 그러고 있어."
친구는 한숨을 쉬면서 둘째네 집이 이혼을 준비 중이라는 얘기를 하더군요.
부부싸움이 너무 심해서 아이들을 데리고 왔는데,
큰 딸인 소미가 옆에서 거들어주어서 그나마 다행이라고 했어요.

저는 친구를 물끄러미 보면서 한 마디 했습니다.
"소미 없었으면 어쩔 뻔했니."
"그러게. 내가 얘 어릴 때 잘 못해줬는데 커서는 내가 신세를 지네."
친구는 민망한 듯이 저를 보면서 웃습니다.
실제로 소미는 엄마 옆에서 월급 받아서 벌어온 돈으로 아파트 대출금도 다 갚고, 동생 조카들의 분유값이며 이것저것 살림을 돕고 있었어요.
친구는 일을 쉰지가 꽤 되었다고 하더군요.
사실상 소미가 집의 가장인 셈이에요.
결혼은 안 해서 불효한다는 자식이 도리어 효도를 하고 있었던 거죠.

자식 키운다는 것의 의미
자식을 물고 빨고 애지중지 키운 친구를 보면서,
"자식 키운다는 것의 의미"를 다시 생각하게 됩니다.
예쁜 자식 떡 하나 더 준다는데, 어쩐 일인지 우리네 인생은 미운 자식에게 신세를 질 때도 있는 법인가봐요.

엄마가 저에게 결혼 전에 일찍 했던 말이 있죠.
"자식한테 잘해줘봐야 아무 소용 없다. 니 인생 놓지 마."
엄마도 저를 무척 사랑하셨지만, 엄마 인생을 다 포기할 정도로 저를 위하지는 않으셨어요.
어릴 땐 그게 서운했는데 제가 인생을 이만큼 살고 보니 엄마 마음을 이해해요.

저 역시 자식에게 목을 매기보다는 제 인생을 붙잡고 삶을 살아가고 있어서, 몸이 아픈 지금도 희망을 갖고 사니까요.
 자식을 위해서 산다, 자식 때문에 산다, 는 말은 바꿔 말하면 '내 인생은 없다'는 말이 아닐까요.

 길어봐야 20여년 같이 사는 자식 때문에, 남은 생 수십년을 바꿔치기 한다는 건 부모자식 관계를 떠나서도 그 자체로 도박일 거예요.
 물론 자식한테 기댈 때는 기대야지요.
 그렇더라도 내 인생을 자식한테 걸지는 마세요.
 자식은 복권도, 애물단지도 아니고 그저 또 다른 인생일 뿐입니다.
 부모로서 할 일은 그저 묵묵히 지켜봐주는 것이죠.
 제가 그걸 어떻게 다 아냐구요?
 저희 엄마가 저를 그렇게 키우셔서 알죠.
 그랬더니 지금은 엄마랑 같이 사는데도 친구처럼 편하고 부담도 없어요.
 엄마는 엄마 인생, 나는 내 인생,
 우리는 각자의 인생에서 마치 파트너처럼 최선을 다해 살아가면서 서로가 거리를 두고 사랑하는 법을 배워나가고 있습니다.

 엄마와 함께 늙어가는 사이가 되면 정말 행복하거든요.
 여러분의 삶도 그러셨으면 좋겠어요.
 내 인생은 자식이 대신 살아주는 게 아니거든요.

프리다칼로부터 나혜석까지, 그 시절 사람들의 존경을 받았던 여성들에게는 모두 '이것'이 있었어요.
여자라는 이유로, 여자만이 갖출 수 있는 이 무기만 있으면 삶은 조금 더 행복할 수 있습니다.

삼씨를 알고 계신가요?

여자의 무기는 외모라고 하죠.
 그런데 나이가 들고 결혼하면서 외모를 포기하고 자기를 놔버리는 경우도 있어요.
 삶이 힘들고 자식들 키우느라 내 몸 돌볼 새 없이
세월이 야속하게 흐르고, 남은 건 주름과 뱃살뿐이라는
서글픔만 남는 거죠. 늙어서도 돈을 벌어야 하기에
억세게 차려입고 청소 일하고 식당에서 음식을 만드는
게 여자의 일생일까요?
 물론 자부심과 자존감을 가지고 즐겁게 일한다면 이 또한 즐거운 인생이지요.
 그렇지 않은 여자들도 많아요. 사람은 누구나 자기만의 강점을 이용해서 사회에서 영향력을 발휘해야 하잖아요.
 나이가 들어도 여자만의 경쟁력을 활용해서 인정받는 사람도 많아요.
 그게 뭐냐고요? 저는 말씨, 맵씨, 솜씨라고 생각해요.
 줄임말로 '삼씨'라고 합니다.

예로부터 이런 삼씨가 유명한 여성들은 늘 승승장구했어요.

대표적으로 조선시대의 기생 황진이가 있죠. 탁월한 미모와 지적인 언변으로 그녀는 당대 사대부들과 교류하면서 존경을 받곤 했죠.

뛰어난 서예가이자 시인이었던 신사임당도 단정한 맵시와 부드러운 언변으로 유명했어요. 저는 신사임당이 당대의 높은 존경을 받은 이유가 그녀의 교양 있고 차분한 말솜씨 때문이었다고 생각합니다.

멀리 조선시대까지 거슬러올라가지 않고도 제 주변의 친구들 중에서도 삼씨의 덕을 톡톡히 보고 있는 평범한 사람도 있죠.

말씨가 상냥한 저 친구는 시골에서 밭농사를 짓고 사는데 김치를 참 맛깔스럽게 담아요. 제가 가면은 다양한 김치를 바리바리 싸주는 친정엄마 같은 친구예요. 손맛이 좋은 친구한테 김치를 인터넷으로 판매해 보라고 권유를 했죠.

망설임 없이 시장조사를 하더니 지금은 다양한 김치를 전국으로 판매하고 있어요. 평범한 가정주부 손에서 연매출 2억 원이 넘는 마이더스 손이 되었더군요.

친구는 '이 손에 정성을 더 했더니 돈이 되네'라고 손바닥을 펼쳐 팔을 힘껏 들어 올리는 겁니다.

나도 몰랐던 내 안의 재능

이왕 내친 김에 제 얘기를 조금 더 해볼게요.

얼마 전 문화예술원에서 아르바이트 하나를 했어요.

아시다시피 저는 몸이 불편해서 식당 일이나 청소 일도 못 해요. 그런데 문화원에서 사무보조로 아르바이트하게 되었어요.

직원이 시키는 일만 고분고분 잘하면 되는 일인데 문화원 기념일로 여직원들이 다과상을 차리더군요.

저는 다과상이 왠지 아쉬워 자꾸만 눈길이 가더라구요. "혹시 제가 잠깐 만져봐도 될까요?"

이렇게 직원에게 정중하게 물었고 직원은 흔쾌히 이를 승낙해주었죠.

일회용 컵 과일과 음료수, 떡과 과자를 잠깐 매만졌을 뿐인데 직원들 반응이 완전히 달라졌어요. '와우~ 요술방망이를 가지셨네요!'

손님들도 "정말 예쁘다"라면서 휴대폰 사진을 찍기 시작했죠.

저는 약간의 솜씨를 발휘했을 뿐인데 그날 다과상의 가치가 올라간 거예요. 직원에게 꾸며도 되겠느냐고 공손하게 물어본 말씨가 없었다면, 다과상을 꾸밀 기회도 없었겠죠.

어디를 가든 맵씨를 갖고 사람들을 대하는 것이 정말 중요해요.

내가 중요한 사람, 대단한 사람이 아니더라도 옷차림이 단정하고 말투가 공손한 사람은 늘 대접받거든요.
 어떤 일을 해도 삼씨가 있는 여자는 인정받으면서 더 오래 일할 수 있어요. 삼씨는 저처럼 몸이 불편한 사람도 조금만 노력하면 길러질 수 있어요.
 돈도 안 들고, 내 가치를 높이는 삼씨야말로 신이 여자에게 준 선물 아닐까요?

배움은 세상에서 가장 가치 있는 투자이다

 사람은 언제부터 죽음에 대해 생각하는 걸까요.
모르긴 해도 '죽음을 생각하는 나이'라는 게 예순은 아닐 거예요.
 100세 시대라는 요즘 기준으로 봐도, 예순은 '청년'까진 아니어도 '한창'입니다.
 나처럼 불치의 병에 걸린 사람이 아니고선 예순을 죽음의 나이로 떠올리는 사람은 없을 테죠. 그러나 비교적 일찍 내 몸이 세상을 떠날 날을 생각해보고 나서는,
 "내가 죽으면 무엇이 남을까."하는 생각을 어쩔 수 없이 하게 되었습니다.
 죽어서 이름을 남기는 건 명사들이나 그런 것이고 저처럼 범인은 그저 묘비명이나 잘 쓰면 그만이 아닐까요.

 아니죠. 그게 아닐 겁니다.
 내 삶을 한 줄로 요약한다고 무엇이 달라질까요. 나 죽어서 후대의 손자손녀들이 우리 할머니는 이런 사람이었다'라고 추억하는 것 외에,
 내가 이 삶에서 남겨놓고 가는 것은 아무 것도 없는 것과 마찬가지 아닌가요. 겨우 묘비명 한 줄 쓰자고 내 이날 여지껏 죽을 힘을 다해 버티며 산 게 아닌데...
 분명, 신께서도 내게 무언가 삶의 발자국을 남기기를 바라시기에, 내 나이 예순 즈음에 죽음을 생각하도록 하신 게 아닐까, 요즘은 그런 생각이 듭니다.

인생의 가치를 더러는 자식으로, 더러는 돈으로,
또 어떤 이는 인간관계로 평가합니다.
 묘비명, 하니 떠오르는 영국의 극작가 조지 버나드 쇼는 죽음에 대해 꽤 깊이 생각했던 것 같아요.
 "삶이란 정말 이상하다. 모든 답을 알아낼 즈음에는 게임이 끝나기 직전이다."
 유명 작가가 논평한 인생의 허무에 일개 대한민국 아줌마가 무언가를 보탤 수 있을까요.
 아니, 그럼에도 불구하고 저는 감히 한 마디 보태려 합니다.
 그럼에도 불구하고 이 삶에 의미라는 무늬를 새긴다면, 그것은 배움에 있노라고.
 "나는 내가 아무것도 모른다는 것을 알기에 현명하다."는 소크라테스의 저 유명한 말이 아니더라도, 인간은 배움을 통해서 삶에 의미를 부여합니다.
 고작 어제보다 똑똑한 오늘이 대체 무슨 의미가 있느냐고요? 아니, 배움은 단지 남보다 똑똑해지기 위해서가 아니에요. 배움은, 세상 마지막 날까지 내가 알아야 할 어떤 가치를 일깨워주기에 그렇죠.

 저는 이 나이에도 유튜브를, 십자수를 배우며 삶의 의미를 깨우칩니다. 씨줄과 날줄 사이에서, 편집과 썸네일을 붙이는 과정에서 인생을 복기합니다. 유튜브는 내가 불특정 다수를 향해 내 목소리를 낼 수 있음의 소중함을 알게 해주었어요.

유튜브가 아니라면, 그 어느 무대에서 이 나이든 여인의 목소리가 울려 펴질 수 있을까요.
 또 그림과 십자수가 아니라면 내 안에 여전히 살아서 펄떡이는 예술가의 혼이 있음을 알 수 있을까요.
 아하, 헨리포드가 옳았습니다. 그가 말하길 "배우기를 멈추는 자는 스무 살이든 여든 살이든 늙은 것이다. 배우기를 계속하는 자는 언제나 젊다."고 했으니까요. 의지와는 상관없이 하루하루 죽음에 가까이 가고 있는 나는, 배움을 통해서 벤자민 버튼의 시간을 사는 게 틀림없을 거예요.

오로지 무언가를 배우고 있는 순간만이 나는 영원한 젊음에 다만 한 발치라도 가까이 다가가고 있습니다.

 그러므로 가능하다면, 인생의 매순간을 사소한 그 무언가라도 배우며 살고 싶어요. 그것이 꼭 사람들이 알아주는 무엇이 아니라도 좋아요. 어느 책을 읽으며 이미 작고한 프랭크 시나트라가 "노래를 할 때는 허리를 곧게 세우고 안정적으로 서면 목소리가 더욱 자유롭게 흐른다."고 말하는 것 또한 배움이죠. 노래를 즐겨 부르는 나는, 시나트라의 조언처럼 허를 곧게 펴고 노래를 부릅니다.
 그걸로 내 목소리가 어제보다 나아졌음을 아는 것,
 내 노래를 즐거이 들어주는 늙은 엄마의 미소를 한 번 더 보는 것,
 그것이 내게 행복을 주고 삶의 의미를 가져다줍니다.

배움은 죽을 때까지 계속된다

아인슈타인이 옳았어요.
 그가 말하길 "배움은 단순히 학교에서 끝나는 것이 아니라, 죽을 때까지 계속되는 여정"이라고 했으니까요.
 앞으로도 저는 계속 배우면서 살아가고 싶습니다.
 다행히, 배움에는 돈이 거의 들지 않습니다.
 집 근처 도서관에서 나를 기다리는 수천권의 책들, 국민의 세금으로 운영되는 시민대학, 동네 주민센터에서 진행되는 저렴한 강의들까지 생각하면, 1년 365일 배우고도 시간이 모자라죠.
 그러니 삶이 심심하고 도무지 좀이 쑤신다고 말하는 젊은 그대에게,
 늙은 제가 기꺼이 배움을 권합니다.
 어쩌면 죽는 그 날까지 끊임없이 배우는 한,
 내가 그대보다 훨씬 더 젊고 깨어 있는 영혼으로 죽음의 문턱을 넘을 지 모를 일이니까요.

배움의 자세

 참고로 무엇을 배울 때, 그 배움의 성취가
내 뜻대로 되지 않는다고 한탄하며 답답해하는 이들에게 건네고 싶은 이야기도 있습니다. 제가 이제와 늦깎이 배움을 시작하다보니, 인간이 배움에 있어서 얼마나 성급한지, 배움 앞에서 왜 그리 겸손치 못한지를 헤아리게 됩니다.

무슨 말이냐고요?
 나이가 들면, 사람의 생각에는 세월의 더께가 앉아 무거워지죠. 내가 배운 것, 내가 경험한 것만이 사실이고 절대적 진리라는 믿음이 강해지죠.
'내가 틀릴 수도 있다'는 생각을, 나이가 들면 점점 더 하기 어려워집니다. 그렇게 생각이 굳어진 이 앞에서 배움은 모든 걸 내려놓으라고 말합니다.
 그 전까지 내가 알고 있는 걸 내려놓지 못하면, 새로움을 받아들일 수 없기 때문입니다.

 저는 유튜브 편집을 할 때마다 이걸 느껴요. 살면서 단 한 번도 컴퓨터를 써보지 않고 살아온 제가, 마이크로 녹음을 하고 영상을 편집하면서 마치 오케스트라를 지휘하는 '지휘자 모드'가 되거든요. 사람들은 저에게 "유튜브 편집을 돈 주고 맡기세요?"라고 묻지만, 아뇨. 저는 쭉 이걸 혼자서 배워서 스스로 직접 해요
 비록 프로처럼 능숙하지는 않아도 제 영상을 보는 분들의 마음을 움직일 정도는 된답니다. 물론 유튜브를 배우는 과정, 쉽지만은 않았어요.

 저 또한 다른 사람의 유튜브를 보고 독학을 하고 스스로 시행착오를 하면서 편집을 시도했죠. 제가 처음 올린 영상을 보면 지금도 스스로 낯부끄러울 정도로 영상 편집이 서툴러요. 그렇지만 저는 개의치 않았어요. 살면서 한 번도 운동을 안해본 사람이 당장 헬스에 등록한다고 해서 헬스 트레이너처럼 못하는 건 당연한 것처럼, 유튜브를 처음 하는 60대 아주머니가 편집이 서툰 것은 자연스러운 거니까요.

그렇지만 아령 5kg도 못 들던 약골도, 매일 팔굽혀펴기를 10개씩 하면 어떻게 되는지 아세요? 3개월 정도만 지나도 근육량이 30~40%까지 향상된다고 해요.
 그러니 적어도 배움에 있어서는 잘하는 것보다 중요한 것은 바로 '꾸준히'하는 것이랍니다.

 어떻게 하면 무언가를 '꾸준히' 배울 수 있을까요?
 그 일을 잘하지 못해도 단지 끈기 있게 매달리면 될까요.
 저는 그렇게 생각하지 않습니다. 물론 무언가를 새로 배우기 위해서는 끈기와 열정도 중요하지만 그보다 더 중요한 사실이 있어요.
 그것은 바로 '내가 이 분야를 잘 알지 못하니 아무 것도 모른다는 생각으로 배우는 것'입니다.
 맞아요. 적어도 배움의 순간만큼은 내가 그동안 살면서 축적해온 지식과 경험을, 내려놓는 것이죠. 그렇게 텅빈 백지 상태가 되어서야, 내 안에 아무 것도 담지 않고 빈 그릇과 같은 상태가 되어야 지식이, 경험이, 요령이 하나씩 채워집니다.

 저에게 만화를 가르쳐주신 선생님이 해주신 말이 있어요. "하자 님은 어쩌면 그렇게 어린아이처럼 시키는 대로 잘하세요?"
 아마도 그것은 제가 그 일을 진심으로 배우고 싶기 때문일 것입니다.

내가 옳다거나, 이것은 잘못되었다, 잘되었다는 판단 없이 그저 그것을 오롯이 배우겠다는 마음이 있다면, 어린아이와 같이 될 수밖에 없습니다.
 그리고 아무 것도 판단하지 않는 그 어린아이의 마음이 있어야만 새로운 지식으로 내 마음에 밑그림을 그릴 수 있지요.

 어쩌면 이렇게 마음만이라도 어린아이처럼 되는 과정에서 제 몸 또한 새로운 세포가 생기고, 인체의 나이도 덩달아 젊어지는 건 아닐까요?
 배우면 젊어진다는 말의 의미는, 세상을 무구한 마음으로 바라보려는 그 마음가짐에 있는 것인지도 모르겠습니다.

풍산개에게 털어놓기

소파에 앉으면 잠이 쏟아지는데 이상하게도 침대에만 누우면 잠은 멀어집니다.
 반자동처럼 돌아가는 머리는 쉬이 꺼지지 않고, 수십 년간 묵혀둔 생각들이 스멀스멀 기어나오죠.
 형제자매와의 끝나지 않은 다툼, 부부 사이에 날카롭게 오갔던 말들, 이미 잊은 줄 알았던 상처들이 매일같이 반복 재생됩니다.

 지루하고도 야속한 하루의 복기.
 그 복기는 이제 고장이 난 오래된 영상기기처럼 계속해서 같은 장면만 틀어대네요.

 무엇이든 차면 넘친다고 했던가요.
 생각도, 감정도, 쌓이고 또 쌓이다 보면 어느 순간 안에서 터질 듯한 기운이 생깁니다.
 그럴 땐 풀어내야 하죠. 그래야 다시 살아갈 수 있으니까요.
 그런데 이걸 누구에게 말해야 할까요, 어떻게 말해야 할까요.

남편을 떠올려봤지만, 고개를 절로 흔들게 되죠.
 "나는 틀린 말을 안 해"라고 늘 말하던 그 사람에게 털어놓는 순간,
 나는 또다시 '틀린 사람'이 되고 말 테죠. 긁어 부스럼 만들 필요가 있을까, 해서.

 결국 나는 말 못하는 존재 우리 집 풍산개에게 말을 걸기 시작합니다.
 평소처럼 착한 눈빛으로 나를 바라보는 그 녀석에게.
 "너는 말이 없으니, 제대로 들어줄 수 있겠지?"
 그렇게 나는 동물적인 감각으로 쏟아내기 시작합니다.
 억울함, 슬픔, 서운함, 모멸감, 분노, 그리고 다시 억울함.
 말의 결을 순화시킬 필요도 없었지요. 마치 묵은 먼지를 털어내듯, 있는 그대로.

 혼잣말을 중얼거리며 어쩐지 내가 미친 건 아닐까 싶은 순간도 있었어요.
 그래도, 개는 언제나처럼 눈만 껌벅이며 내 말을 다 들어줬습니다.
 답하지 않아도 괜찮았어요.
 그런 침묵 속에서 오히려 내 마음이 홀가분해졌으니까요.

과산화수소를 상처에 뿌렸을 때처럼, 따가우면서도 시원한 감정.

마음이 차오르고, 넘치고, 다시 비워지고 나면 알맹이 하나가 남습니다.

그것이 글이 되고, 오늘의 나를 버티게 하는 힘이 되네요.

사람은 쉽게 변하지 않는다.

오래 묵은 감정들은 하루아침에 사라지지도 않습니다.
하지만 그 마음을 말로, 글로, 쏟아내고 나면 뭔가 달라지죠.

우리 집 개와 나의 글은, 오늘도 나의 상담사입니다.
들어줄 누군가가 꼭 있어야 마음이 가벼워지는 건 아니에요.

다만, '누군가가 들어줄지도 모른다'는 가능성만으로도 살아갈 이유는 되는 거죠. 그 희망 하나가, 나를 매일 다시 살게 합니다.

불편함을 껴안는 연습

요즘 저는 조금씩 다시 몸이 불편해지고 있습니다.
손가락 근육이 무뎌지고, 손의 힘이 빠져나가는 것을 느낍니다.
셔츠 단추를 채우는 게 점점 어려워지고,
팬티를 뒤집어 입은 채 그냥 입고 하루를 보내기도 합니다.
"겉과 속이 뭐가 중요한가?" 라고 중얼거리며,
그 불편함을 웃으며 받아들입니다.

식사할 때도 마찬가지. 등을 곧게 세우기가 힘들고,
수저질이 서툴러져 음식물을 자주 흘린다. 엉거주춤한 자세로, 느릿하게 밥을 먹습니다.
그런데 이 느림 덕분에 얻은 게 있네요.
꼭꼭 씹는 시간 속에서 음식의 맛을 음미하는 법을 배웁니다.
클래식 음악을 들으며 천천히 식사하는 요즘,
그 순간은 내게 '풍요로운 만찬'입니다.
잃은 게 있다면 얻은 것도 있다는 걸 실감하게 되죠.

이것이 살아온 대가이기에 세수할 때 얼굴을 고루 문지르지 못하고, 양치질도 섬세하지 않아요.
그럴 때마다 중얼거리죠.
"이만큼 살아낸 대가를 몸이 보여주는 거구나"

스스로를 다독입니다. 감각이 무뎌지는 건 슬프지만,
그 무뎌짐을 받아들이는 건 지혜입니다.
나만 그런 게 아니란 걸 알기에, 더 이상 두렵지도 않아요.
엄마는 "나무 양푼이, 쇠 양푼이 안 된다"는 말을 자주 하셨지만,
나는 나만의 색을 내고 싶었어요.
지금은 시들어가는 꽃이 되기보다,
다시 활력을 품고 피어나는 꽃이 되고 싶습니다.
누군가의 손을 꼭 잡고, 따뜻한 온기를 전하며 그렇게 다시 살아가고 싶네요.

나무도마에 깊게 패인 칼자국처럼,
내 인생도 상처투성입니다.
하지만 그 상처 위로 또 다른 요리가,
또 다른 삶이 올라옵니다. 그 상처마저도 내 삶의 재료가 됩니다.
내 오기와 의지는, 세월을 지나며 돌처럼 단단해집니다.

이제는 작고 간소한 알맹이만 간직하고 싶습니다.
언젠가 정신줄을 놓게 되는 날이 오더라도,
그 알맹이 하나만은 내 곁에 머물러주기를.
불편함은 삶의 일부가 되었고,
나는 그 불편함을 껴안으며 하루하루를 살아갑니다.
그리고 이렇게 말하고 싶어요.
"나는 오늘도 천천히, 그러나 충만하게 살아가고 있다."

에필로그

몸과 나무
사이에서

나는 한동안 나를 사랑한다고 말하면서도,
정작 내 몸에 대해선 무관심했어요.
몸에 좋다 하면 무조건 따랐고,
누군가 좋다고 한 건 무조건 나에게도 맞는 줄 알았어요.

어느 날엔 티비에서 잡곡밥이 좋다길래
소화도 안 되는데 그걸 먹었고,
흑염소 즙이 몸에 좋다 하니까 별 망설임 없이 마셨어요.
결국 고지혈증이 왔고, 감초 달인 물을 마시다 신우염이
생기기도 했어요.

지금 생각하면 참 우스워요.

'내 몸에 좋다'는 걸 알아보는 게 아니라,
그저 '세상에 좋다'는 걸 맹목적으로 따랐던 거죠.
나는 나를 사랑한다고 말하면서도,
실은 내 몸을 하나의 존재로 존중하지 않았던 것 같아요.

내 몸의 목소리를 귀담아듣지 않고,
남이 정한 기준에 맞추려 했던 거죠.

그런 생각을 하며 산을 걷다가, 나무 한 그루를 봤어요.
그 나무는 한쪽 껍질이 벗겨져 있었고,
가지는 태풍에 꺾여 있었어요.
그런데도 그 나무는 살아 있었어요.

아무렇지 않게, 묵묵하게, 땅을 딛고 서 있었어요.

그 모습에 왠지 모를 울컥함이 올라왔어요.
나무는 상처를 받아들이고,
묵묵히 자신을 회복해 가더라고요.
누가 그 가지를 자르든, 껍질을 벗기든,
나무는 다시 싹을 틔우고, 제 속도를 따라 살아가요.

누군가에게는 집이 되기도 하고,
누군가에게는 그늘이 되기도 하죠.
그런 나무를 보면서,
'나도 저렇게 살아야 하지 않을까' 싶었어요.

내가 가진 것, 내가 배운 것,
지금까지 익혀온 삶의 방식들.
그 모든 걸 누군가와 나누며,
내가 나무처럼 한자리에 뿌리내릴 수 있으면 좋겠다고
생각했어요.

그리고 문득 떠오른 사람이 있었어요.
우리 동네에 노부부 한 쌍이 있거든요.
아침저녁으로 늘 손을 잡고 산책을 하세요.
그 모습이 그렇게 따뜻해 보여요.

나도 저렇게 살아볼까, 생각해봤어요.
그런데 돌아보니, 남편 손을 제대로 잡아본 게…
연애할 때가 마지막이었더라고요.
시간이 지나면서 스킨십이 점점 줄었고,
어쩌다 손을 잡아도 금세 민망해서 놓아버리곤 했죠.

그런데 병이 생기고 나서부터,
저는 남편 손을 자주 잡게 됐어요.

길을 걸을 때, 몸이 휘청거릴 때,
내 손보다 먼저 내 손이 되어주는 사람.
남편의 손이, 나무의 가지처럼 느껴졌어요.

내가 기댈 수 있고,
나를 다시 일으켜 세워주는 존재.
내 몸을 사랑한다는 건,
그 손을 붙잡는 용기를 갖는 거였고,
내 마음을 살피는 일이기도 했어요.

나는 지금, 나무처럼 살아보려 해요.
내 몸의 말에 귀 기울이고,
내 삶의 중심에 나를 심어두며,
상처를 받아들이고, 다시 살아나는 연습을 해요.
몸과 마음, 삶과 관계.

그 모든 것을 나무처럼 품고,
흔들려도 쓰러지지 않으려 해요.

www.youtube.com/@하자씨

하자 씨는 파킨슨병 진단 이후, 유튜브 채널 '하자씨'를 통해 그림과 이야기를 나누며 많은 이들에게 따뜻한 에너지를 전하고 있다. 인기 가수 팬클럽 활동과 함께 일상의 창의성을 즐기며 '지금 이 순간'을 가장 빛나는 시간으로 살아가고 있다.

진단 이전에는 일본 문화복장학원에서 패션디자인을 전공하고, 생활예절 전문가 다카하시 유이치로에게 '현대 생활 예절'을 사사했다. 일본 의류 회사에서의 실무 경험과 프랑스 UNIVESITE CATHOLIQUE DE L'OUEST에서의 유학 과정을 거쳐 귀국 후 KBS 스타일리스트로 활동했다. 이후 기업 및 관공서에서 임직원 대상 이미지 메이킹과 브랜드 강의를 진행하며 화려한 커리어를 쌓았다.

내 삶의 알맹이